Benjamin Weil

Verantwortung, Risiko, Identität

Benjamin Weil

Verantwortung, Risiko, Identität

Ein soziologischer Blick auf Verantwortungsphänomene

Tectum Verlag

Benjamin Weil

Verantwortung, Risiko, Identität.
Ein soziologischer Blick auf Verantwortungsphänomene

ISBN: 978-3-8288-2513-0

Umschlagabbildung: © Stephanie Hofschlaeger | pixelio.de
Umschlaggestaltung: Heike Amthor | Tectum Verlag

Besuchen Sie uns im Internet
www.tectum-verlag.de

Bibliografische Informationen der Deutschen Nationalbibliothek
Die Deutsche Nationalbibliothek verzeichnet diese Publikation in der Deutschen Nationalbibliografie; detaillierte bibliografische Angaben sind im Internet über http://dnb.ddb.de abrufbar.

Inhalt

1 Einleitung

Die Frankfurter Allgemeine Zeitung thematisierte im März 2009 die „Verantwortung für die Finanzkrise" (Faber 2009, S. 23). Es existieren Netzwerke, die „Bildung durch Verantwortung" (Ragg 2009, S. 1) versprechen oder Reformen der Universitäten mit „Leistungsfähigkeit durch Eigenverantwortung" (Linder 2000, S. 8) vorantreiben wollen. Angela Merkel fordert in ihren Ansprachen „Verantwortung [...] für die Gesellschaft" (Merkel 2008, S. 1). Unter dem Überbegriff der „Corporate Social Responsability" stellen Unternehmen ihre Verantwortung gegenüber der Gesellschaft in den Vordergrund (vgl. Münstermann 2007, S. 8ff.). Gleichzeitig scheint es auch so etwas wie die Verantwortung der Gesellschaft für den Einzelnen zu geben (Geisler/Gemper 1999, S. 3f.). Personalchefs fordern ein hohes Maß an Eigenverantwortung von ihren Bewerbern (Koch/Kaschube 2005, S. 141f.). Verantwortung erscheint als wichtiges Mittel zur Verhinderung des Klimawandels (Stern 2007, S. 12). Sogar einer Spielsucht lässt sich durch „Spielen mit Verantwortung" (BzgA 2008, S. 4) vorbeugen.

Es fällt dabei zunächst auf, welch breites Anwendungsspektrum der Begriff der Verantwortung zu bieten scheint. Dies bezieht sich zum einen auf eine inhaltliche Komponente. So lässt sich etwas überspitzt formuliert durch verantwortungsvolles Handeln dem Klimawandel entgegenwirken, Universitäten reformieren, Bildung verbessern, Spielsucht verhindern etc. Zum anderen erscheint auch die Anwendungskomponente sehr variabel. So wird Verantwortung als Synonym für Schuld gebraucht (Verantwortung für die Finanzkrise), als Motivator und zur Verbesserung des Image als Erfolgsfaktor (im Falle der Corporate Social Responsability), als Problemlösung (bezogen auf den Klimawandel) oder als Element betrieblicher Leistung (im Zusammenhang mit Eigenschaften von Bewerbern).

Diese Vielfalt spiegelt sich auch in der wissenschaftlichen Bearbeitung des Themas wider. Die Auseinandersetzung mit Verantwortung scheint vorauszusetzen, dass eine Reihe von Entscheidungen getroffen werden müssen, bevor mit der Analyse des Begriffes oder des Phänomens begonnen werden kann. Kaum ein anderes Themenfeld scheint so durchzogen von Abgrenzungen, theoretischen Seitensträngen und vielfältigen Möglichkeiten der Bearbeitung. Nach intensiver Sichtung der relevanten Literatur wird auch hier schnell die Frage aufgeworfen, ob überhaupt noch von *einem* wissenschaftlichen Verantwortungsbegriff gesprochen werden kann. Ist Verantwortung lediglich ein Sammelbegriff für thematisch verwandte Begriffe? Handelt es sich bei Verantwortung um einen präzisen Begriff oder deckt Verantwortung ein Begriffsspektrum ab? Was haben Verantwortung im Betrieb z. B. in Form der häufig geforderten Eigenverantwortung und Verantwortung im Zusammenhang mit familiärer Fürsorge z.B. in Form der Gesundheitsfürsorge für das eigene Kind gemeinsam? Dem Problem der Differenz der verschiedenen theoretischen Beiträge zum Thema Verantwortung widmet sich die vorliegende Arbeit. Existiert eine Gemeinsamkeit der verschiedenen Auseinandersetzungen mit dem Thema Verantwortung? Und wenn diese Gemeinsamkeit existiert, wie lässt sie sich dann innerhalb des vorhandenen Diskurses um Verantwortung verorten? Die vorhandenen Spannungsfelder im Verantwortungsdiskurs haben zur Folge, dass die Fragen, wie Verantwortung beschrieben werden kann, warum Verantwortung in einer bestimmten Situation relevant wird, zunächst zurückgestellt werden. Häufig wird zuerst der Frage nachgegangen, welche Methoden bezüglich der Auseinandersetzung mit dem Thema Verantwortung geeignet sind und welche nicht. Darunter leidet die Möglichkeit einer konzeptübergreifenden Bearbeitung (Heidbrink 2006, S. 14ff.).

Die vorliegende Arbeit versucht anhand eines Theorienvergleiches eine Neuordnung von zwei Theorien[1], die sich mit Verantwortung auseinandersetzen. Hierzu werden ein Beitrag von Niklas Luhmann aus der soziologischen Systemtheorie und ein Beitrag von Sigfried Reck herangezogen, welcher eine Erweiterung identitätstheoretischer Überlegungen beabsichtigt. Dabei wird der Fokus nicht auf die trennenden, sondern die verbindenden Elemente der Theorien gelegt. So kann womöglich ein neues Potential für Erklärungen von Verantwortungsphänomenen geschaffen werden. Idealerweise trägt diese Arbeit einen kleinen Teil dazu bei, sich widersprechende Verantwortungsphänomene nicht getrennt voneinander behandeln zu müssen, sondern mithilfe eines grundlegenden analytischen Schemas erklären zu können. Nach einem kurzen Überblick über den Verantwortungsdiskurs und einer vorläufigen Arbeitsdefinition von Verantwortung in den Kapiteln zwei und drei thematisiert die Arbeit im vierten und fünften Kapitel näher die Spannungsfelder des Verantwortungsdiskurses. Dabei steht die Frage im Vordergrund, inwieweit diese Spannungsfelder für den geplanten Theorienvergleich von Bedeutung sind. Daran anschließend folgen der Theorienvergleich und der Versuch, die gewonnenen Ergebnisse hinsichtlich der Spannungsfelder des Diskurses einzuordnen in den Kapiteln sieben und acht. Die Arbeit schließt mit einer Gegenüberstellung der beiden Konzepte im neunten Kapitel, bei der auch die theoretische Vorgehensweise zur Gewinnung des Verantwortungsbegriffs thematisiert wird. Daran schließt sich ein Beispiel an, welches verdeutlich, in welcher Weise die

[1] Da beide Autoren ihre Ausführungen nicht explizit als „Theorie der Verantwortung" bezeichnen, wird im Folgenden von Verantwortungskonzepten die Rede sein, auch wenn die theoretischen Überlegungen - gerade von Niklas Luhmann - die Vorstufe zu einer Theorie bei weitem überschreiten.

gewonnenen Erkenntnisse für die weitere Analyse genutzt werden können.

2 Verantwortung als Gegenstand der Diskussion in verschiedenen wissenschaftlichen Teildisziplinen

Hinsichtlich einer möglichen wissenschaftlichen Geschichte der Verantwortung merkt Kurt Bayertz an, dass eine solche noch nicht geschrieben ist (Bayertz 1995, S. 4). Im Hinblick auf die vielschichtige Verwendung und Bedeutung des Begriffes ließe sich die Frage stellen, ob ein solches Ziel überhaupt zu realisieren ist. Der nachfolgende Abschnitt stellt deshalb keine erschöpfende Zusammenfassung der Diskussion um Verantwortung dar, sondern vermittelt lediglich einen Eindruck der Vielschichtigkeit des Begriffes.

Die Philosophie ist mit Abstand diejenige Disziplin, die sich am längsten und intensivsten mit Verantwortungsbegriffen und Verantwortungsphänomenen auseinandergesetzt hat. Auch wenn die Bezeichnung „Verantwortung" zunächst kein gebräuchlicher Begriff ist, so beschäftigen sich die Autoren jedoch intensiv mit den der Verantwortung zugrunde liegenden Prinzipien und Problemen. Der Schwerpunkt liegt hierbei auf moralphilosophischen Arbeiten und der Frage nach der Möglichkeit von Schuld. Damit befindet sich die philosophische Auseinandersetzung mit dem Thema inmitten der Kontroverse um Determinismus versus Indeterminismus (Bayertz 1995, S. 3ff.). Das Interesse der Philosophie an dem Phänomen und Begriff Verantwortung hat dabei im Laufe der Zeit keineswegs nachgelassen. So stammt von ihr zum Beispiel die häufig aufgegriffene These der Notwendigkeit von Verantwortung als neue Ethik. Dabei wird Verantwortung als notwendige Kompensation der Folgen einer Modernisierung der Gesellschaft verstanden. Diese Modernisierung geht mit einer größeren Auswahl von Handlungsalternativen einher, welche sich schlecht antizipieren lassen. Um mögliche negative Folgen zu kompensieren und Handlungsfähigkeit und Erwartungssicherheit zu erhalten, ist ein gesteigertes Maß an Verantwortung nötig (Jonas 2003, S. 293ff.).

In der psychologischen Diskussion fallen zwei unterschiedliche Positionen bezüglich der Auseinandersetzung mit dem Thema auf. Dabei entwickelte zum einen die Sozialpsychologie die Idee, soziale Verantwortung als Persönlichkeitsvariable zu erfassen. Hier gewinnt häufig der Begriff der Integrität an Bedeutung. Eine verantwortungsvolle Person zeigt prosoziales Verhalten, zu welchem sie durch ihr Selbstbild motiviert wird (Lück 1977, S. 18f.). Stimmt das Handeln dann mit dem Selbstbild überein, so kann man von einer integeren, sozial verantwortlichen Person sprechen. Neuere Beiträge zu diesem Diskussionsstrang versuchen Methoden für Einstellungstests zu entwickeln, die in der Lage sind, die Integrität und das Ausmaß der Verantwortung zu messen (vgl. Koch/Kaschube S. 141ff.). Die zweite Auseinandersetzung mit dem Thema in der Psychologie hat die Mechanismen der Zuschreibung von Verantwortung im Blickfeld. Im Zentrum steht dabei die Frage, unter welchen Umständen einer Person Verantwortung zugeschrieben wird. Dabei wird die These verfolgt, dass Verantwortung kein Handlungsmotiv darstellt, sondern eine Handlung erst im Nachhinein als verantwortungsvoll beschrieben wird. Das Handlungsmotiv wird im Nachhinein konstruiert (Heider 1988, S. 136ff.). Neben der verantwortungsvoll handelnden Person selbst ist dabei auch die Situation der Verantwortungszuschreibenden und damit die äußeren Umstände von besonderem Interesse. Es wird die Frage aufgeworfen, welche Umstände, Handlungen und Bedürfnisse vorliegen müssen, damit Verantwortung in der Situation relevant wird (Auhagen/Bierhoff 2003, S. 217ff.).

In der Soziologie findet eine Auseinandersetzung mit dem Thema Verantwortung am intensivsten in der Organisationssoziologie statt. Dabei wird ein auf den betrieblichen Sektor zugeschnittener Verantwortungsbegriff entwickelt. Im Interesse steht hierbei vor allem die Optimierung von Verantwortungsübernahme durch die Beschäftigten. So versucht zum Beispiel die Forschung zum „risky-shift-Phänomen" (Sader 2008, S. 12) Aussagen über ideale Arbeitsbedingungen für die Gruppe zu generieren. Das risky-shift-Phänomen in der Gruppenarbeit bezeichnet den Vorgang, nach welchem sich durch die Verteilung der Rechenschaftspflicht auf die Gruppe die Risikoneigung erhöht. Verantwortung wird in diesem Fall als Kompensation von Risiko verstanden. Der Fokus von Untersuchungen zum Thema liegt dann zum Beispiel in der Bearbeitung der Frage, ob und inwieweit die Risikoneigung und die Kompensation von riskanten Entscheidungen mit unterschiedlicher Gruppengröße variiert. Da Verantwortung innerhalb der einzelnen Studien jeweils neu konzipiert und auf die einzelnen Studien zugeschnitten wird, schafft es jedoch Probleme innerhalb der Organisationssoziologie einen einheitlichen Verantwortungsbegriff ausfindig zu machen (Kieser/Walgenbach 2003, S. 90ff.).

Demgegenüber verschwindend gering erscheint der Anteil derjenigen soziologischen Ansätze, die sich mit der Bedeutung von Verantwortung als soziologischem Grundbegriff auseinandersetzen. Dabei wird fast ausschließlich in Rückgriff auf Max Webers Verantwortungsethik ein Plädoyer für oder gegen die Aufnahme von Verantwortung als soziologischem Grundbegriff abgegeben. Im Zentrum der Betrachtung steht die Frage, ob sich der Begriff der Verantwortung möglicherweise durch andere Begriffe ersetzen lässt. So bildete sich zum Beispiel die Kontroverse vom Zusammenhang zwischen Verantwortung und Werten als Konsumption versus Konstitutionsverhältnis heraus. Diese zeichnet sich durch eine unterschiedliche Auffassung bezüglich der Frage aus, ob verantwortliches Handeln sich lediglich an vorhandenen Werten orientiert oder diese Werte selbst mitgestaltet. Während im ersten Fall auf Verantwortung als Grundbegriff verzichtet und dieser zum Beispiel durch den Begriff des wertrationales Handelns ersetzt werden kann, muss im zweiten Fall die Konstitution von Werten durch Verantwortung begrifflich gefasst werden (Bienfait 2008, S. 3ff.).

Ein bedeutender Strang der soziologischen Beiträge zu Thema Verantwortung bezieht sich auf Niklas Luhmann. Er beschäftigt sich mit der Funktion von Verantwortung. Angelehnt an den Begriff des Vertrauens als Reduktion sozialer Komplexität entwickelt Luhmann den Begriff der Verantwortung als Reduktion von Unsicherheit. Damit wird Verantwortung als Äquivalent zur Informationsbeschaffung konzipiert. Das Risiko von Entscheidungen, welches sich aus der auf Komplexität gegründeten Kontingenz ergibt, wird durch die Verantwortung absorbiert (Luhmann 1968, S. 172ff.). Dadurch dass jemand Verantwortung übernimmt, kann sich der Einzelne gegenüber dem Verantwortungsträger so verhalten, als ob ein Ereignis zwangsläufig eintreten würde. Das Problem der Kontingenz von Handlungen wird hierdurch reduziert.

Ein letzter Punkt, der erwähnenswert erscheint, betrifft die Bedeutung von Verantwortung für identitätstheoretische Überlegungen. Dabei wird Webers Verantwortungsethik[2] zwar herangezogen, in einem entscheidenden Punkt jedoch abgelehnt. Der Einwand lautet hier, dass ein handlungstheoretisches Zweck-Mittel-Schema zu kurz greift, um Verantwortung angemessen zu beschreiben. „Oftmals sind gar nicht die Mittel und Handlungsweisen wählbar, sondern diese drängen sich als Lebensbedingungen oder unvermeidliche Reaktionen auf“ (Reck 1981, S. 51). Verantwortungsvolles Handeln besteht dann eben nicht in der Änderung der Handlungswahl gemessen an den antizipierten Folgen. Vielmehr wird Verantwortung zum Problem der Handlungsmöglichkeiten, wie sie sich aus der Selbstidentifizierung der Person und der an sie gestellten

---

2 Auf eine Einführung des Verantwortungsbegriffs von Max Weber wird an dieser Stelle verzichtet. Für das weitere Verständnis dieser Arbeit reicht das Wissen darüber aus, dass es sich bei Webers Verantwortungsethik um die Frage nach der Verantwortung für Handlungsfolgen handelt. Im Gegensatz dazu stellt die Gesinnungsethik die Motive einer Handlung in den Vordergrund. Da Niklas Luhmann und Sigfried Reck sowohl von Handlungsfolgen abstrahieren als auch die Frage nach einer Verantwortungs*ethik* in den Hintergrund stellen bzw. gänzlich ablehnen, verlieren die Ausführungen von Max Weber für diese beiden Ansätze schnell an Bedeutung. Für eine Konzeption von Verantwortung nach Weber verweise ich an dieser Stelle auf die entsprechenden Monographien (vgl. Weber 1980, S. 1ff. und vgl. Weber 1993, S. 51ff.). Es soll noch erwähnt werden, dass sich trotzdem gerade aus der Kontrastierung von Weber und Reck interessante Fragestellungen ableiten lassen (wie zum Beispiel die Frage nach einer Gemeinsamkeit der Identitätsbalance und der von Weber geforderten Balance zwischen Verantwortungs- und Gesinnungsethik).

Ansprüche ergibt. Verantwortung wird damit zum Problem der Identitätsbalance. Sie bezeichnet hiernach die Vermittlung zwischen eigenen Erwartungen an die eigene Handlung, fremden Erwartungen an die eigene Handlung und den durch die Situation beschränkten Handlungsmöglichkeiten (Reck 1981, S. 47ff.).

3 Ein Zugang zum Thema Verantwortung

Im weiteren Verlauf der Arbeit wird beabsichtigt, methodische Aspekte und Anforderungen an eine Theorienanalyse von Verantwortungskonzepten zu erläutern. Dabei wird von Verantwortungsbegriffen und von Verantwortungsphänomenen die Rede sein. Aus diesem Grund sollen die Begriffe im Folgenden eingeführt und eine erste analytische Grundlage für den Umgang mit „Verantwortung" geschaffen werden. Eine frühzeitige Begriffsdefinition ist jedoch mit einem Nachteil verbunden. Bei der Darstellung der Spannungsfelder des Verantwortungsdiskurses soll es vermieden werden, sich an den Problemen der Konzeption *eines* Verantwortungsbegriffes zu orientieren (Welche Probleme bestehen bei der Konzeption von Verantwortung als Leistung, Wertorientierung etc.). Vielmehr sollen die Probleme und Spannungen herausgestellt werden, die sich bei dem Versuch ergeben, Verantwortungsphänomene begrifflich zu fassen.

Einerseits wird im Verlauf der Arbeit auf das Problem Bezug genommen, welches sich stellt, wenn man an den Beginn einer Analyse von Verantwortung die Frage stellt: „Was ist eigentlich Verantwortung?". Eine Definition zu Beginn der Untersuchung geht mit der Problematik einher, dass der Verlauf der Analyse stark von der eingehenden Definition abhängt. Andererseits ist es jedoch notwendig, Begriffe, Handlungen und Phänomene analytisch zu trennen. Auf der einen Seite soll ein Begriff, der zunächst implizit bleiben soll ist, plötzlich an expliziten Vergleichskriterien gemessen werden. Auf der anderen Seite ist es nicht sinnvoll einen Begriff zu Beginn mithilfe einer theoretischen Konzeption explizit zu formulieren und dann zu fragen, wie man zu einer *allgemeinen* expliziten Definition eines solchen Begriffes gelangen kann.

Wenn nun Begriffe und Phänomene von Verantwortung im Folgenden näher erläutert und grundlegende Überlegungen zum einem Verantwortungsbegriff und Verantwortungsphänomen angestellt werden, dann nur im Sinne einer vorläufigen Definition. Man benötigt zunächst eine genauere Definition von Verantwortung, damit die nachfolgenden Ausführungen sich nicht im vielschichtigen Begriffsfeld und der unpräzisen Trennung von Verantwortungsbegriffen und Verantwortungsphänomenen verlieren. Diese Definition darf jedoch nicht als Verantwortungsparadigma, sondern lediglich als Arbeitsdefinition verstanden werden. Es wird also zunächst ein Begriff von Verantwortung vorausgesetzt, der, wie sich später zeigt, Verantwortungsphänomene nicht umfassend beschreiben kann.

3.1 Die Unterscheidung zwischen Begriff und Phänomen

Ein Begriff, unabhängig davon, ob er nominal, analytisch oder operational gebildet wird, beschreibt die Zuordnung von Zeichen und Bedeutungsinhalt zu einer vorgestellten oder tatsächlich vorliegenden Realität (Hillmann 2008, S. 79). Ein Phänomen bezeichnet zunächst ein Ereignis, welches mit Sinnen wahrgenommen werden kann. Abseits von der Diskussion darüber, was die genuinen Eigenschaften eines sozialen Phänomens sind und wie es sich umfassend definieren lässt, handelt es sich bei einem sozialen Phänomen um ein Ereignis, in dessen Verlauf sich soziale Orientierung wahrnehmen lässt (Balog 2006, S. 146). Krieg ist ein Beispiel für ein wahrnehmbares Ereignis mit sozialer Orientierung. Der Einsatz von Waffen, die Denunziation des Gegners, das Schließen von Bündnissen etc. sind wahrnehmbare Vorkommnisse des Krieges, die auf eine soziale Orientierung verweisen. Bildet man nun einen Begriff, um ein soziales Phänomen zu beschreiben, so ordnet man eine Reihe von Vorkommnissen (wie zum Beispiel Handlungen) zu einem Schema an (Balog 2006, S. 51). Auf diese Weise lässt sich für den Krieg mit der Handlung der Kriegserklärung oder des Angriffs und der Institution des Friedensvertrages ein Anfang und ein Ende des Phänomens festsetzen. Dies bedeutet, dass die Erklärung von Handlungen eine grundlegende Voraussetzung für die Schematisierung von sozialen Phänomenen darstellt. Um zum Beispiel den Begriff des Krieges zur Schematisierung eines sozialen Phänomens zu verwenden, muss man nicht nur dessen Elemente benennen, sondern diese auch innerhalb des Phänomens erklärend einordnen können. In diesem Zusammenhang müsste aufgezeigt werden, welche Bedeutung der Einsatz von Waffen oder die Denunziation des Gegners haben. Dies kann auf verschiedene Art und Weise gelingen. Eine Betrachtung der *Funktion* des Einsatzes von Waffen und der Denunziation des Gegners ist zunächst genauso denkbar wie die Einführung von Motiven als strukturierendes Kriterium für diese Handlungen.

Versucht man nun – wie es die Zielsetzung dieser Arbeit ist – eine Schematisierung von sozialen Phänomenen zu erweitern oder zu verändern, so kann dies über zwei Wege gelingen: Entweder man hält den Einfluss der Begriffe konstant oder man hält die Betrachtungsebene der Phänomene konstant (Haller 1999, S. 432f.). Im ersten Fall würde man zum Beispiel die begrifflichen Konzepte des Krieges auf neue Handlungen, wie zum Beispiel die des Ehestreits, anwenden. So ließe sich überprüfen, ob sich der „Rosenkrieg" dem sozialen Phänomen des Krieges zuordnen ließe. Im zweiten Fall würde man zum Beispiel Krieg nicht mehr nur als konfliktäres Ereignis betrachten, sondern diesen auch unter vielen weiteren begrifflichen Aspekten behandeln, wie zum Beispiel dem des Konsens, und damit Elemente oder Handlungen des Krieges neu strukturieren. Gleichzeitig dürfte man dann nur solche Handlungen erfassen, die bisher unter dem Aspekt des Krieges behandelt wurden. Verändert man hingegen beide Betrachtungsebenen, so verliert man die Möglichkeit aus dem Auge eine Schematisierung zu erweitern oder zu verändern. Findet man zum Beispiel heraus, dass die Versöhnung nach dem Ehestreit strukturelle Ähnlichkeit zur Handlung des Friedensvertrags aufweist, so bedeutet dies nicht, dass der Begriff der Versöhnung nun ohne weiteres auf das Phänomen des Krieges angewendet werden darf. Zunächst muss der Nachweis geführt werden, dass bei konstanter Betrachtungsweise des Krieges als Phänomen, der Begriff der Versöhnung eine Erklärungskraft besitzt. So könnte zum Beispiel der Begriff der Versöhnung einen Vorteil bei der Schematisierung der Ereignisse bieten, die eigentlich durch den Begriff des Friedensvertrags abgedeckt werden.

Für die vorliegende Arbeit hat dies zur Folge, dass dort, wo gemeinsam verwendete Begrifflichkeiten der beiden Theorien verwendet werden, um Handlungen zu schematisieren, das vorhandene Schema durch neue Handlungen ergänzt werden kann, im Gegensatz dazu dort, wo eine Theorie durch die andere ergänzt wird, die Betrachtungsebene für Handlungen konstant gehalten werden muss.

3.2 Ein analytisches Schema zur Betrachtung von Handlungen

Um die Betrachtungsebene für Handlungen konstant zu halten, bedarf es eines grundlegenden analytischen Schemas, welches sich zur Strukturierung von Handlungen, die sich im Rahmen eines sozialen Phänomens „Verantwortung" abspielen, gut eignet (vgl. Weyers 2006, S. 217ff.). Dies soll im Folgenden vorgestellt werden. Anschließend erfolgen eine allgemeine begriffliche Aufspaltung des Verantwortungsbegriffes und die Abgrenzung zu dem verwandten Begriff der Verpflichtung, um die Anwendung des Schemas zu demonstrieren.

Verantwortung ist ein Begriff, der mehrere Relationen aufweist. Verantwortung haben „Personen *gegenüber* einem Adressaten *für* das eigene Handeln *vor* einer Instanz *in Bezug* auf bestimmte Kriterien *im Rahmen* eines Handlungsbereiches" (Weyers 2006, S. 219 und Lenk 1998, S. 273). So trägt zum Beispiel eine Person *gegenüber* einer zweiten Person *für* den durch die erste Person verursachten Schaden am Auto der zweiten Person *vor* dem Gericht *im Bezug* auf die Straßenverkehrsordnung *im Rahmen* ihres Handlungsbereiches als Autofahrer die Verantwortung. Häufig werden die letzten drei Relationen auch zu einer Relation zusammengezogen. Hier wird argumentiert, dass die Kriterien und der Handlungsbereich häufig von der Instanz abhängig sind (Heidbrink 2006, S. 389). So regelt zum Beispiel das Gesetz, welche Kriterien und welcher Handlungsbereich einer juristischen Verantwortung zu Grunde gelegt werden können. In diesem Fall würde man davon sprechen, dass eine

Person gegenüber einer anderen Person für den Schaden an deren Auto aufgrund der Regelung durch das Gesetz die Verantwortung trägt. Eine solche Verkürzung stellt jedoch nicht eindeutig heraus, dass es sich auch bei den Kriterien und dem Rahmen des Handlungsbereiches um strittige Elemente handeln kann. So kann argumentiert werden, dass Verantwortung gegenüber einer Instanz abgelehnt wird, weil sie außerhalb des Verantwortungsbereiches liegt. Man beruft sich in diesem Fall darauf, dass eine Relation auf einen Punkt außerhalb des Rahmens des Handlungsbereiches verweist. So beschäftigen zum Beispiel Versicherungen ganze Abteilungen damit zu prüfen, ob ein Fall in ihrem Verantwortungsbereich fällt oder nicht.

Für verschiedene Begriffe lässt sich dieses Schema nun hinsichtlich zweier Aspekte anwenden: *Wie werden die Relationen verknüpft und wer stellt diese Verknüpfung her*? Betrachtet man dies am Beispiel der juristischen und der moralischen Verantwortung: Die *juristische Verantwortung* prüft, ob sich ein vorliegender Handlungsablauf den verschiedenen Relationen in einer Art und Weise zuordnen lässt, welche vorher, zum Beispiel durch ein Gesetz, festgelegt wurde. Stützt sich diese Zuordnung auf entsprechende Beweise, so wird davon ausgegangen, dass die betreffende Person diese Zuordnung genau so vollzogen hat[3] (Lenk/Maring 2001, S. 569ff.). Eine *moralische Verantwortung* hingegen beurteilt die Verknüpfung der Relationen, so wie sie von dem Verantwortungsträger vorgenommen wurde oder vorgenommen werden soll. Dies kann sich zum einen auf die Prüfung des Verstoßes gegen konkrete Normen beziehen. Zum anderen kann auch geprüft werden, ob die Generierung einer Handlungsmaxime aus einem allgemeinen Wert zu erwarten gewesen wäre.

Moralische Verantwortung fragt zum einen danach, ob in einer Situation ein Anlass für eine Verknüpfung der Relationen und damit Übernahme von Verantwortung - vorgelegen hat. Zum anderen lässt sich mit ihrer Hilfe beurteilen, ob die der Verknüpfung zugrunde liegende Handlung angemessen, allgemeinverträglich etc. gewesen ist. Entlässt ein Vorgesetzter aufgrund einer verordneten Maßnahme zur Stelleneinsparung zum Beispiel einen Mitarbeiter, so könnte man einerseits fragen, ob er hierfür juristisch zur Verantwortung gezogen werden kann, oder andererseits klären, ob die Auswahl des betreffenden Mitarbeiters moralisch zu verantworten ist (Vossenkuhl 1983, S.109ff.). Eine juristische Verantwortlichkeit fragt also in erster Linie danach, ob eine standardisierte Verantwortung vorgelegen hat. Moralische Verantwortlichkeit

---

[3] Eine Ausnahme bildet hier die Unzurechnungsfähigkeit. Dabei muss nachgewiesen werden, dass die betreffende Person nicht in der Lage gewesen wäre, die vom Gericht nachgewiesene Zuordnung der Relationen zu vollziehen (vgl. Schmidt-Recla 2000, S. 10ff.).

fragt hingegen, ob es in der Situation angemessen war, eine Zurechnung der Relationen zu vollziehen. Damit fragt sie, ob Verantwortung einer bestimmten Handlung hätte zugrunde liegen müssen.

Hinsichtlich der Frage, wer die Verknüpfungen der Relationen herstellt, lässt sich Verantwortung in Primär-, Sekundär- und Tertiärverantwortung[4] unterteilen. Als Primärverantwortung gilt diejenige Verantwortung, die jemand *aktuell* innehat - entweder im Sinne einer Handlungsverantwortung (die Verantwortung für das eigene Tun oder Unterlassen) oder im Sinne einer Aufgabenverantwortung (wie zum Beispiel die Verantwortung für eine Berufsrolle). Bei der Handlungsverantwortung wird die Verknüpfung der Relationen von der verantwortenden Person vorgenommen. Im Falle der Aufgabenverantwortung kann die Verknüpfung sowohl von der verantwortenden Person vorgenommen werden, als auch von einer weiteren Person. In jedem Fall kann die verantwortende Person aber die Verknüpfung der Relationen nachvollziehen. Die Sekundärverantwortung ist diejenige Verantwortung, zu der man herangezogen werden kann. Diese bezeichnet also die Verantwortung, die jemand zu einem gewissen Zeitpunkt inne gehabt hat oder gehabt haben sollte. Hier wird die Verknüpfung der Relationen in jedem Fall nicht von der verantwortenden Person vorgenommen und muss nicht von dieser nachvollzogen oder geteilt werden können. Die Tertiärverantwortung hingegen bezeichnet die Haftung für eine Handlung. Diese fungiert im Sinne einer Sanktion oder Wiedergutmachung. Die Zuschreibung der Verantwortung geht zum Beispiel mit der Regulierung eines Schadens oder einer Strafe für eine zugeschriebene Sekundärverantwortung einher. Die Tertiärverantwortung bezieht sich demnach auf die Folgen und die Kompensation von Folgen von primär- oder sekundärverantwortungsrelevanten Handlungen. Die drei Typen der Verantwortung können zusammenfallen, nur teilweise relevant werden oder sich unterscheiden oder widersprechen (Weyers 2006, S. 219f.). Zerstört ein Kind zum Beispiel beim Ballspielen die Fensterscheibe des Nachbarn, so kann der Vater dafür primär die Verantwortung übernehmen, das Gesetz regelt sekundär die Haftung und die Versicherung greift aufgrund der Tertiärverantwortung und reguliert den Schaden. Demgegenüber kann ein Fußballtrainer sich primär nicht für die schlechte Leistung seiner Mannschaft verantwortlich fühlen, sekundär jedoch zur Verantwortung gezogen werden und daraufhin tertiär durch seinen Rücktritt die Haftung für die schlechte Leistung übernehmen.

Mit Hilfe der Betrachtung von Verantwortung hinsichtlich verschiedener Relationen und der Unterteilung in drei Verantwortungstypen

---

4 Lenk unterscheidet weitere Typen und Dimensionen von Verantwortung. Gleichzeitig stellt er jedoch heraus, dass diesen Typen und Dimensionen sich nicht präzise verwenden lassen (vgl. Lenk 1998, S. 261ff. und 285ff.).

gewinnt man ein analytisches Schema, anhand dessen sich ein Verantwortungsbegriff zu anderen Begriffen in Bezug setzen lässt. Nimmt man als Beispiel den Begriff der Verpflichtung. Auch diese lässt sich den verschiedenen Relationen zuordnen: Verpflichtet sind Personen *gegenüber* einem Adressaten *für* das Einhalten von Handlungen *vor* einer Instanz *in Bezug* auf bestimmte Kriterien *im Rahmen* eines Handlungsbereiches, so gehört es zur Verpflichtung eines Soldaten im Krieg nicht zu desertieren. Eine Pflicht unterscheidet sich jedoch von einer Verantwortung darin, dass sie sich bezüglich der drei Typen der Verantwortung immer nur einheitlich zuordnen lässt. Besteht eine Pflicht, so bezieht sich dies auf primäre, sekundäre und tertiäre Ebene in gleicher Weise. Der Soldat kann sich, zumindest unter Zugrundelegung der Betrachtungsebene der Verpflichtung[5], weder der Zuschreibung der Pflicht, noch der Übernahme der Pflicht und der Haftung für einen Verstoß entziehen. Bei der Verantwortung kann sich die Primär-, Sekundär- und Tertiärverantwortung unterscheiden. Decken sich die drei Typen des analytischen Schemas, so gilt dies für die Verantwortung als eine Möglichkeit von vielen weiteren Konstellationen, bei der Verpflichtung aber als einzig mögliche Konstellation. Hier käme man dann zum Ergebnis, dass der Begriff der Verpflichtung nur einen Sonderfall des Verantwortungsphänomens abdeckt, wie es vom analytischen Schema erfasst wird.

Für die Theorienanalyse kann das vorgestellte analytische Schema nun genutzt werden, um zwei Verantwortungsbegriffe zu vergleichen. Dabei werden nur solche Aspekte im Bezug auf Handlungen verglichen, welche sich mit Hilfe der ausgearbeiteten Relationen und Typisierungen von Verantwortung erfassen lassen. Lässt sie eine Perspektive auf ein Verantwortungsphänomen, wie sie von der einen Theorie entwickelt wird, anhand von Verantwortungsbegriffen der anderen Theorie ergänzen, so kann man in einem zweiten Schritt fragen, ob hiermit Phänomene oder Teile eines Phänomens beschrieben werden können, die sich anhand des ursprünglichen analytischen Schemas nicht vollständig erfassen lassen (wie zum Beispiel die Frage nach dem Zusammenwirken mehrerer Verantwortungen).

---

5 Es wäre hier denkbar, dass eine Pflicht mit dem Hinweis auf Verantwortung abgelehnt wird. So kann zum Beispiel ein Soldat argumentieren seine Verantwortung gegenüber seiner Familie gebietet es ihm seiner Verpflichtung nicht nachzukommen, sein Leben in Gefahr zu bringen. Man könnte vorschnell annehmen hier differieren Primär- und Sekundärebene der Verpflichtung. Tatsächlich besteht aber die Verpflichtung auch primär. Lediglich die notwendigen Handlungskonsequenzen werden abgelehnt. Gerade die Tatsache, dass das Vernachlässigen der Pflicht vom Soldaten begründet werden muss ist ein Nachweis dafür, dass diese Pflicht primär für ihn besteht. Denn täte sie es nicht, so müsse er nicht begründen warum er aus ihr ausbricht.

3.3 Zur Abgrenzung von Verantwortung und Verantwortlichkeit

Verantwortung im alltagssprachlichen Gebrauch kann einerseits eine offen zugegebene und erworbene Eigenschaft sein, andererseits eine zugeschriebene Eigenschaft, die man versucht von sich zu weisen. Man kann seine Verantwortung öffentlich bekunden, andererseits beschäftigen sich Sonderausschüsse wochenlang damit, jemanden ausfindig zu machen, der für etwas die Verantwortung trägt (Müller-Merbach 1994 S. 126ff.).

Beide Arten des Umgangs mit dem Begriff sind unter dem Aspekt des Gebrauchs der Verantwortung durchaus sinnvoll. Geht man jedoch von einem analytischen Begriff von Verantwortung aus, so wird eine solche Sinnhaftigkeit fragwürdig. Der Versuch, den Träger der Verantwortung als Träger einer solchen zu entlarven ist tautologisch. Das Problem, welches hier vorliegt, ist ein zeitliches. Ob jemand Verantwortung für etwas inne hatte, wird retrospektiv bestimmt. Gleichzeitig stellt Verantwortung selbst jedoch so etwas wie eine prospektive Absicherung dar. Die Funktion der Verantwortung ist auf die Zukunft hin ausgerichtet. Diese prospektive Absicherung verliert jedoch ihren Sinn, wenn sie retrospektiv bestimmt wird. Andernfalls würde man jemanden zur Verantwortung ziehen, um die eingetretenen negativen Folgen zu verhindern. Dies ist aber nicht möglich, da man ihn nur zur Verantwortung zieht, wenn die Folgen schon eingetreten sind (vgl. Rippe 2004, S. 91ff.).

Um diese Differenz aufklären zu können, muss an dieser Stelle der Begriff der Verantwortlichkeit eingeführt werden. Ausgangspunkt soll das Beispiel sein, ein Vater habe eine Entscheidung zu treffen, ob er sein Kind mit oder ohne Jacke in die Schule schickt. Es liegt eine unsichere Situation vor. Aufgrund des Wetters ist nicht sicher zu entscheiden, ob das Tragen einer Jacke nötig ist. Man kann jedoch davon ausgehen, dass ein Konsens darüber herrscht, dass Eltern bei kleinen Kindern die Verantwortung für eine dem Wetter angemessene Kleidung tragen. An dieser Stelle kommt nun die Verantwortlichkeit ins Spiel. Aufgrund von seiner Entscheidung ist der Vater dafür verantwortlich, wie sich die Situation entwickelt. Gleichzeitig trägt er unabhängig hiervon weiterhin die Verantwortung für das Tragen einer wetterangepassten Kleidung. Wird das Kind nun aufgrund des Mangels an väterlicher Fürsorge krank, ist er mutmaßlich dafür verantwortlich. Er trägt jedoch keineswegs hierfür die Verantwortung. Wenn jemand die Verantwortung dafür trägt, dass sein Kind krank ist, so würde dies auf die Notwendigkeit hinweisen eine Erkrankung zu fördern und nicht zu verhindern. Er ist jedoch für diese Situation *verantwortlich*, da sein Handeln in einer Situation, in der er die Verantwortung innehatte zu dem (unerwünschten) Zustand der Krankheit geführt hat.

Was bedeutet dies nun für die Zuschreibung von Verantwortung? Möchte man den Bezug von einem Ereignis zu einer verantwortlichen Person herstellen, so ist demnach die Suche nach dem Verantwortungsträger nur ein erster Schritt. In einem zweiten Schritt muss dem Verantwortungsträger auch eine Verantwortlichkeit zugewiesen werden (Müller-Merbach S. 128ff.). Dies bedeutet, dass Verantwortung paradigmatisch festgesetzt wird. Ob ein Vater für sein Kind Verantwortung trägt, ist letztlich nur auf Normen, Werte etc. zurückzuführen. Verantwortlichkeit hingegen bezeichnet die Stellungnahme zu Ereignissen in einer verantwortungsrelevanten Situation (Heidbrink 2006, S. 222). Diese kann selbst eingenommen (man fühlt sich verantwortlich) oder auch zugeschrieben werden (man macht jemand für etwas verantwortlich). Wenn jemand verantwortlich ist, so muss er 1.) sich in einer Situation befinden, in der Verantwortung vorhanden oder zu erwarten ist und 2.) im Sinne dieser Verantwortung oder gegen diese Verantwortung gehandelt haben.

Verantwortung ist damit statisch. Wird sie übernommen, so besteht sie fort, bis man sich ihr wieder entzieht. In einem Fall fällt der Austritt aus der Verantwortung leichter: Wenn man die Verantwortung für die Blumen seines Nachbarn während dessen Urlaubs übernimmt, ist Beginn und Ende der Verantwortung leicht zu entscheiden. In einem anderen Fall, zum Beispiel der Verantwortung für seine eigenen Kinder, ist das Gelingen manchmal fragwürdig. Darüber hinaus scheint es so, dass der Ausstieg aus der Verantwortung umso leichter fällt, je klarer die zeitlichen oder örtlichen Grenzen festgelegt sind (Brieskorn 2000, S.194). So kann man zum Beispiel in einem Naturschutzverein die Verantwortung für die Sauberkeit eines Waldstückes übernehmen. Gleichzeitig erachtet man es für sinnvoll eine generelle Verantwortung für die Erhaltung der Natur zu übernehmen. Falls Vereinsaktivitäten nun mit dem Fernsehprogramm kollidieren, so kann man diese Verantwortung für die Sauberkeit eines Waldstückes wieder abgeben. Bei der Verantwortung für die Erhaltung der Natur wird dies schwerlich gelingen.

Das Ausmaß der Verantwortung bestimmt sich erstens aus der Wahrscheinlichkeit des Eintretens eines Falles, zweitens der möglichen Höhe des Schadens und drittens der Möglichkeiten der Einflussnahme. Diese Einflussnahme bezieht sich sowohl auf die Eintrittswahrscheinlichkeit als auch auf die Schadenshöhe (Preisendörfer 1985, S.96). Übernimmt jemand Verantwortung dafür, dass es dieses Jahr regnet, so steht für diesen sehr wenig auf dem Spiel, da die Wahrscheinlichkeit, dass es irgendwann dieses Jahr noch regnen wird, sehr hoch ist. Andererseits ist die Einflussmöglichkeit, wenn der unwahrscheinliche Fall eintritt, dass es nicht regnet, recht beschränkt. Übernimmt jemand hingegen die Verantwortung dafür, dass seine Küche in dieser Woche geputzt wird, so ist die Wahrscheinlichkeit, dass dieser Fall ohne sein Zutun eintritt, recht gering. Die Möglichkeiten der Einflussnahme sind jedoch hoch. Der Schaden, sollte es dieses Jahr nicht regnen, wird vermutlich unermesslich hoch sein, der Schaden, seine Küche einmal nicht zu putzen (sieht man von dem Schaden ab, den zum Beispiel eine Beziehung hiervon nehmen kann) dagegen relativ gering.

Andere Aspekte sind bezüglich der Verantwortlichkeit zu beachten. Diese wird durch Entscheidungen oder Unterlassen von Entscheidungen beeinflusst. Wenn eine erwünschte oder unerwünschte Situation eingetreten ist, versucht man den Verlauf nachzuvollziehen und betrachtet, an welcher Stelle Entscheidungen getroffen wurden oder hätten getroffen werden müssen. Das bedeutet, dass neben dem eingetretenen Ergebnis auch der Verlauf der Handlung und das Wissen zum Zeitpunkt der Entscheidung von besonderer Bedeutung sind (Brieskorn 2000, S.198ff.). Es reicht in dieser Situation nicht aus, die Verantwortung des Vaters für die Gesundheit des Kindes und den Krankheitszustand des Kindes zu kennen. Man muss auch nachweisen, dass die Unterlassungshandlung, dem Kind keine Jacke anzuziehen, als Ursache des Zustandes der Krankheit zugrundelag. Diese Retrospektive geht jedoch mit einem Problem einher. Man kann die Verantwortlichkeit in den wenigsten Fällen sicher zuschreiben. Die fehlende Jacke muss nicht ursächlich für die Krankheit sein. So könnte sich das Kind auch bei einem Klassenkameraden angesteckt haben. Die durch den Gebrauch des Begriffes Verantwortlichkeit oft vorgenommene Vermischung der Begriffe von Verantwortung und Schuld erweist sich damit als problematisch. Diese Feststellung geht auf Niklas Luhmann zurück, welcher anführt, dass in Falle von Verantwortung, in dem es um die Kompensation von Unsicherheit geht, auch verantwortungsvolles Handeln zu einer unerwünschten Situation und umgekehrt verantwortungsloses Handeln zu einer erwünschten Situation führen kann (vgl. Luhmann 1975, S. 51ff. und Oelmüller 1983, S. 26f.). Das Kind kann trotz des Tragens einer Jacke krank werden oder eben trotz der fehlenden Jacke gesund bleiben. Man kann nur beurteilen, ob jemand verantwortlich ist, ob er also etwas getan oder unterlassen hat, was er nicht hätte tun oder unterlassen dürfen, wenn man auch weiß, was zu tun richtig gewesen wäre. Wenn man den Vater für die Krankheit des Kindes verantwortlich macht, weil man bei Regenwetter einem Kind eine Jacke anzieht, um seiner Verantwortung für die Gesundheit des Kindes gerecht zu werden, so setzt das voraus, dass es die Konvention gibt, bei Regenwetter seine Kinder mit Jacke zur Schule zu schicken. Wenn es aber diese Konvention gibt, dann reduziert diese Konvention auch die Unsicherheit. Was ist aber, wenn die Unsicherheit nicht die Handlung betrifft, sondern die Ursache? Es gibt zwar eine Konvention über das Tragen einer Jacke bei Regen, jedoch kann das *Wetter* die Unsicherheit darstellen. In diesem Fall reduziert sich jedoch auch die Verantwortlichkeit, weil die Unsicherheit von der Handlung abstrahiert.

Wenn man das Wetter nicht beeinflussen kann, sondern nur darauf reagieren, kann man nicht für das Wetter, sondern nur für seine Reaktion hierauf verantwortlich gemacht werden. Es bleibt hier der Eindruck zurück, dass es sich besonders dort leicht entscheiden lässt, ob jemand seiner Verantwortung gerecht geworden ist, wo sie wenig an Relevanz gewinnt.

Es besteht jedoch eine Möglichkeit auch Verantwortlichkeit prospektiv zu konstruieren. Man spricht von klaren „Verantwortungsbereichen" (Heidbrink 2006, S. 410). Gemeint ist damit, dass ein unerwünschter Zustand klar dem Handeln oder Unterlassen einer Person zugeordnet werden kann. Es scheint also einen Bereich zu geben, in dem Verantwortlichkeit nicht geprüft werden muss, sondern klar einer Person zugeordnet werden kann. Lässt sich demnach ein Ereignis einem Verantwortungsbereich einer Person zuordnen, so ist diese zunächst einmal dafür verantwortlich. Demnach scheinen in einem Verantwortungsbereich solche Arten von Verantwortung zusammengefasst zu werden, bei denen die Möglichkeit der eigenen Einflussnahme relativ groß ist. Entsteht ein unerwünschtes Ereignis innerhalb eines Verantwortungsbereiches, so wird erst einmal angenommen, dass jemand seiner Verantwortung nicht gerecht geworden ist, bis er das Gegenteil nachweisen kann. Verantwortungsbereiche sind damit die Reduktion des Problems von Verantwortlichkeitszuschreibung (Göbel 2006, 102ff. und Heidbrink 2006, S.410 ff.). So gesehen wird der Versuch unternommen, Verantwortlichkeit statisch zu konstruieren. Dies führt zu einer Vermischung von Verantwortung und Verantwortlichkeit. Nicht mehr nur die Norm oder der Wert, der durch die Verantwortung getragen wird, stellt alleinig die prospektive Absicherung dar. Gleichzeitig wird diesem durch die Festlegung eines Verantwortungsbereiches eine Sanktion untergeschoben. Der Naturschützer zum Beispiel kümmert sich dann nicht mehr nur aufgrund seiner Verantwortung für die Sauberkeit des Waldes um den von ihm übernommenen Bereich. Er kann vielmehr davon ausgehen, dass er mit großer Sicherheit verantwortlich gemacht wird, wenn er seinen Verantwortungsbereich vernachlässigt.

Das Ausmaß der Verantwortung wird durch die Eintrittswahrscheinlichkeit eines Ereignisses bestimmt. Außerdem durch den Schaden, der mit dem Eintritt einhergeht, und der Möglichkeit den Eintritt oder Verlauf des Ereignisses zu beeinflussen. Verantwortung verläuft eher latent. Sie wird jedoch virulent, wenn eine unsichere Situation vorliegt, die eine Entscheidung verlangt. Mit der Verantwortung sind demnach zwei Verpflichtungen verbunden: das Erkennen von Unsicherheiten und die angemessene Reaktion auf diese Unsicherheiten. Für die Reaktion auf die Unsicherheit bezüglich des Eintritts eines Ereignisses ist der Einzelne von diesem Zeitpunkt an verantwortlich. Die Verantwortlichkeit bei Eintritt des Ereignisses reduziert sich, wenn sich im Nachhinein herausstellt, dass die Unsicherheit nicht hätte erkannt werden können und deshalb eine Reaktion hierauf nicht möglich war oder dass die Reaktion eine angemessene Reaktion dargestellt hat. Durch das Verhältnis von Retro- und Prospektivität von Verantwortung und Verantwortlichkeit wird eine auf die Zukunft gerichtete Funktion von Verantwortung reduziert. Verantwortlichkeit ist zwar auf das Vorhandensein von Verantwortung angewiesen, reduziert jedoch gleichzeitig deren Ausmaß, indem jegliche prospektive Wirkung ausgeklammert wird[6].

Auch die beiden theoretischen Ansätze, die in dieser Arbeit herangezogen werden, halten die Trennung von Verantwortung nicht konsequent durch. Dies soll jedoch nicht mithilfe der Ausführungen zur Abgrenzung von Verantwortung und Verantwortlichkeit kritisiert werden, da es sich bei diesen – wie bereits erwähnt – lediglich um eine Arbeitshypothese handelt. Über eine Strukturierung des Verantwortungsbegriffes in Abgrenzung zu einem Verantwortlichkeitsbegriff lässt sich jedoch eine Unterscheidung explizit herausarbeiten, welche die zu vergleichenden Theorien lediglich implizit thematisieren. Desweiteren wird gegen Ende dieser Arbeit in Frage gestellt, ob sich eine solche Konzeption von Verantwortlichkeit und Verantwortung aufrechterhalten lässt beziehungsweise mit welchem Erklärungsgewinn und Erklärungsverlust hinsichtlich der hier genannten Aspekte eine Neukonzeption verbunden ist.

---

6 Ein Beispiel hierfür ist die Tatsache, dass zusammen mit der Feststellung von Verantwortlichkeit auch häufig Verantwortung zu reduzieren versucht wird. Wird ein Politiker für ein Fehlverhalten verantwortlich gemacht, so wird ihm häufig auch sein Posten entzogen und damit auch die zugehörige Verantwortung (vgl. Beucker 2006, S. 56ff.).

4 Die Spannungsfelder des Diskurses um Verantwortung

Im folgenden Abschnitt werden die Spannungsfelder im Verantwortungsdiskurs erläutert. Diese liegen in der Unterscheidung von Verantwortung als Prinzip oder als Problem, in den Folgen, die sich aus einer Präzisierung und Einschränkung von Begriffen ergeben, sowie in der Frage, ob sich Verantwortungsbegriffe besser anhand einer begriffskritischen Analyse oder durch die Betrachtung von Alltagssituationen gewinnen lassen. Neben einer kurzen inhaltlichen Darstellung wird auch näher darauf eingegangen, welche Beschränkungen und Prämissen sich für die vorliegende Arbeit ergeben.

4.1 Verantwortung als „Problem oder Prinzip"

Die Frage, ob Verantwortung als Problem oder Prinzip zu behandeln ist, stellen sich viele Autoren meist zu Beginn ihrer Auseinandersetzung mit dem Thema. Zum einem lässt sich Verantwortung als ein lösendes Prinzip, zum anderen in einem Problemzusammenhang oder selbst als ein problematisches Element bearbeiten?[7] Je nachdem, wie man den Begriff zuschneidet – als Problem oder als Prinzip – ergeben sich dementsprechend einschränkende Momente und weiterführende Möglichkeiten der Analyse (Bayertz 1995, S. 3ff.).

Verantwortung als ein Prinzip zu betrachten bedeutet Verantwortung als problemlösendes Moment zu verstehen (Jonas 2003, S. 153). In diesem Falle wird Verantwortung herangezogen, um zum Beispiel Probleme der Motivation oder opportunistisches Verhalten in Organisationen auszugleichen. Ein solches Verständnis von Verantwortung liegt zum Beispiel der Forderung nach eigenverantwortlichem Handeln als einer wünschenswerten Eigenschaft des Bewerbers in einer Vielzahl der Stellenanzeigen zu Grunde (Koch/Kaschube/Fisch 2003, S. 3f.).

Betrachtet man Verantwortung in einem Problemzusammenhang, so konzentriert sich die Analyse zum einen auf solche Elemente und Dimensionen, die Verantwortung einschränken oder verhindern. Hierbei wird Verantwortung nach wie vor als problemlösendes Prinzip aufgefasst und lediglich dessen einschränkende Elemente untersucht, so zum Beispiel bei der Vorstellung von Verantwortung als Leistungselement.

7 Häufig werden stellvertretend die beiden Werke von Hans Jonas für die Vorstellung von Verantwortung als ein problemlösendes Prinzip und Wilhelm Weischedel für die Vorstellung von Verantwortung als problembehaftetes Phänomen genannt. Nur in wenigen Veröffentlichungen wird die Unterscheidung jedoch explizit thematisiert. Verantwortung wird stillschweigend als Prinzip oder Problem aufgefasst und vorausgesetzt (Bayertz 1995, S. 3ff. und vgl. Jonas 2003, S. 9ff. sowie vgl. Weischedel 1972, S. 7ff.).

Dabei stellt Verantwortung zwar ein problemlösendes Prinzip im Unternehmen dar, aber gleichzeitig führt eine verantwortungsvolle Tätigkeit zu einer erhöhten Arbeitsbelastung (Preisendörfer 1985, S. 16ff.). Zum anderen kann Verantwortung selbst als ein Problem betrachtet werden. In diesem Fall wird die Vorstellung von Verantwortung als problemlösendes Prinzip zumindest in Teilen abgelehnt. Ein Beispiel hierfür wäre die Vorstellung einer Zweiteilung der Verantwortung bei höheren Positionen in Organisationen. Während die Gratifikationen von Verantwortung genutzt werden, wird in Situationen, in denen Verantwortlichkeit relevant wird, die Verantwortung nach unten hin abgewälzt[8] (Kieser/Walgenbach 2003, S. 165).

Bevor die Theorienanalyse betrachtet, wie ein Begriff oder Phänomen von Verantwortung zugeschnitten wird, muss sie zunächst kurz darauf eingehen, welche Vorstellung von Verantwortung vorherrscht. Wird Verantwortung in einem Fall als Problem, im anderen Fall als Prinzip betrachtet, so können thematische verwandte Begriffe durchaus andere Implikationen ansprechen.[9]

4.2 „Kontinuität und Diskontinuität" von Verantwortung: Präzisierung des Begriffes und Beschränkung des empirischen Feldes

> „Vielfältig und in mancherlei Bedeutung wird von ‚Verantwortung' geredet, ohne dass dieses Phänomen in der Helle eindeutigen Begriffenseins erschiene. Es aus dem solchermaßen zersplitterten und vagen Verständnis herauszuholen, in seinem einheitlichen Wesen zu begreifen und an seinem Ort im Ganzen des menschlichen Daseins zu verankern, ist die Absicht dieser Untersuchung" (Weischedel 1972, S.9).

Mit diesen Worten beginnt Wilhelm Weischedels Dissertation „Das Wesen der Verantwortung" aus dem Jahre 1933 – eine erste grundlegende Abhandlung zum Begriff der Verantwortung[10]. Etwa vierzig Jahre später

8 Dabei sollte am Rande erwähnt werden, dass die Frage, ob Verantwortung überhaupt übertragbar ist, vor dem Hintergrund des Kongruenzprinzips (Deckung von Aufgaben, Kompetenz und Verantwortung) eine häufig diskutierte Frage darstellt (vgl. Wicher 1993, 579f.).

9 Auch wenn Verantwortung zum Beispiel in beiden Fällen als Leistung betrachtet wird, kann sie einmal problematisches Element (Arbeitsbelastung) und einmal problemlösendes Element (Ausgleich von Unsicherheit) sein.

10 Natürlich stellen Max Webers Beiträge zum Thema in „Soziologische Grundbegriffe" (Weber 1980, S. 1) und dem Wertefreiheitsaufsatz eine frühere Ab-

wird seine Arbeit neu verlegt. In dessen Vorwort spricht er von einer Kontinuität des „Problem[s] der Verantwortung" (Weischedel 1972, S.7). Er bezeichnet damit die andauernde und zunehmende Bedeutung, die dem Begriff der Verantwortung nach wie vor anhaftet. Verantwortung ist in vielen Gesellschaftsbereichen gleichbleibend relevant und wird häufig thematisiert. Gleichzeitig bescheinigt er eine „Diskontinuität" (Weischedel 1972, S. 7) der Lösungsmöglichkeiten dieses Problems, da der Begriff einer ständigen Anreicherung von Bedeutungen und einer Aufweichung der Bedeutungsebenen unterworfen ist. So wird Verantwortung als Leistungskategorie, als Wertorientierung, als Teil der Identität, als Selbst- Fremd- und Eigenverantwortung, als Element der Integrität etc. betrachtet.

Stellt man sich nun der Aufgabe Verantwortungsphänomene wissenschaftlich zu bearbeiten, so stößt man zunächst auf mehrere Hürden, die es zu überwinden gilt. Wie kann man dieser Diskontinuität gerecht werden? Wie lässt sich verhindern, dass man einen Bereich des Problems, den der Begriff mit sich bringt, bearbeitet, der längst durch die Aufweichung der Bedeutungsebenen in Auflösung begriffen ist? Wie kann auf der anderen Seite ein Begriff, der möglicherweise in Auflösung begriffen ist, einen so breiten Anwendungsbereich aufweisen?

In der Auseinandersetzung mit dem Thema lassen sich zwei Strategien der Kompensation dieses Problems erkennen, die von den verschiedenen Autoren hauptsächlich verwendet werden. Die eine Strategie verfolgt eine Präzisierung des Begriffes. In diesem Falle wird der Versuch unternommen, festzulegen, was Verantwortung im Wesentlichen ausmacht. Die Diskontinuität der Verantwortung wird in diesem Fall dadurch überwunden, dass man den Begriff zuschneidet und von anderen Bedeutungsebenen abtrennt. Derartige Untersuchungen versuchen zum Beispiel Verantwortung als einen Grundbegriff zu etablieren oder sie von ihrem Sprachgebrauch abzugrenzen. Dabei sind die Vorteile, die ein solches Vorgehen mit sich bringt, gegenüber den Nachteilen durchaus strittig[11]. Eine zweite Strategie versucht den Gebrauch der Verantwortung inhaltlich oder räumlich zu begrenzen. In diesem Fall wird zum Beispiel der Versuch gestartet, eine Theorie der Verantwortung für den Betrieb zu entwickeln. Die Diskontinuität der Verantwortung wird in

---

handlung zu Verantwortungsbegriffen dar (Weber 1993, S. 51f.). Für den Diskurs ist Weber, aufgrund der Adaption seines Verantwortungsbegriffes durch die Vertreter des Rational Choice, jedoch eher unbedeutend (Bienfait 2008, S. 5f.).

11 Mit einer Kritik an dieser Vorgehensweise setzt sich zum Beispiel Niklas Luhmann zu Beginn seiner Monographie „Vertrauen - ein Mechanismus der Reduktion sozialer Komplexität" auseinander (Luhmann 1968, S. 1ff.).

diesem Fall insofern eingeschränkt, als man sie so stark auf einen Ort oder ein Beschäftigungsfeld begrenzt, bis das Bedeutungsspektrum eine so starke Einschränkung erfährt, dass einige Bedeutungen nebensächlich erscheinen und vernachlässigt werden können (Bayertz 1995, S. 25ff.). Ein häufig vorgebrachter Einwand besagt, dass zum Beispiel in der Diskussion um „Corporate Social Responsability" und der Vereinbarkeit von Beruf und Familie eine strikte Trennung von Verantwortung nach verschiedenen Bereichen nicht mehr zu realisieren ist. Ein Reduktion von Bedeutungsebenen der Verantwortung bedeutet in diesem Fall eine Reduktion von Erklärungsmöglichkeiten (Herchen 2007, S. 5ff.).

In beiden Fällen wird die Anwendbarkeit des Begriffes Verantwortung bezüglich empirischer Fälle reduziert. Das Vorgehen hierbei ist jedoch genau entgegengesetzt. Im ersten Fall wird der Begriff präzisiert, so dass sich die Anwendbarkeit im empirischen Feld reduziert. Sieht man den Begriff der Verantwortung zum Beispiel als Summe von Verpflichtungen, so lässt sich der Begriff nicht mehr auf solche Situationen anwenden, in denen Verantwortung von Verpflichtung abgegrenzt betrachtet wird (Hoche/Strube 1985, S. 101ff.). Für eine Bearbeitung der häufig vertretenen These, dass Verantwortung im Zuge der Modernisierung in dem Maße zunimmt wie Verpflichtungen in gleichem Maße abnehmen, ist ein solches Verständnis von Verantwortung zum Beispiel ungeeignet (Jonas 2003, S. 293f.). Im zweiten Fall wird das Feld so stark präzisiert, dass sich die Bedeutungsebenen des Begriffes hinreichend einschränken lassen. So ermöglicht zum Beispiel die Vorstellung von Verantwortung als Wertorientierung im familiären Feld viel bessere Bearbeitungsmöglichkeiten als die Vorstellung von Verantwortung als Leistungskomponente.

In der Auseinandersetzung mit den verschiedenen Theorien zur Verantwortung muss deshalb – neben dem inhaltlichen Aspekt – auch stets thematisiert werden, wie diese Theorien den Begriff zuschneiden. Dabei ist es sinnvoll, an den Randbereichen dieser beiden Arten des Umgangs mit Verantwortung anzusetzen. Wo deutet sich in einem stark eingeschränkten empirischen Feld eine Bedeutung von Verantwortung an, die nicht aus diesem empirischen Feld gewonnen wurde? Wo verschließt auf der anderen Seite ein verwendeter Begriff unnötigerweise weitere empirische Felder? Auf diese Weise lassen sich methodische Operationen zur Reduktion der Diskontinuität von Verantwortung aufdecken.

4.3 Zwischen „begriffskritischer und situationsorientierter“ Gewinnung eines Verantwortungsbegriffes

Es herrscht weitgehend Einigkeit darüber, dass Verantwortung insofern schwerlich zu definieren ist, als es sich um einen Begriff handelt, der in seiner Bedeutung häufig variiert und in vielen verschiedenen Konnotationen verwendet wird. Uneinigkeit herrscht jedoch darüber, ob man diese Variationen begrenzen oder ihnen besondere Aufmerksamkeit schenken sollte.

Einige Studien beschäftigen sich mit dem Wesen oder dem Begriff der Verantwortung. Diese Studien sind sehr allgemein ausgerichtet und versuchen grundlegende Eigenschaften von Verantwortung zu erfassen. Die Bearbeitung des Themas richtet sich darauf, die „eigentliche“ Verantwortung von ihren ideologischen Verwendungen oder vorhandenen Nebennetzwerken abzugrenzen. Hier wird versucht, Verantwortung in ihrer ursprünglichen Bedeutung zu erfassen und dann zu beurteilen, ob eine bestimmte Handlung, ein Phänomen, eine Struktur etc. sich unter Zuhilfenahme dieses vorher festgeschriebenen Verständnisses von Verantwortung sinnvoll interpretieren oder beschreiben lassen. Der Fokus auf den Begriff oder das Wesen der Verantwortung vernachlässigt jedoch, dass durch die Konstruktion von Verantwortung in der Situation oder durch gemeinsame Rahmung eine Veränderung dessen eintreten kann, was unter Verantwortung verstanden wird. Man läuft in diesem Fall Gefahr mit einem Begriff zu operieren, der an Anwendbarkeit verloren hat (Heidbrink 2006, S. 32).

Im zweiten Fall versucht man den Begriff zu fassen, indem Verantwortung in Relation zu anderen Konzepten gesetzt wird. Der Verantwortungsbegriff wird dabei aus dem Kontext gewonnen. Man betrachtet, welches Verständnis von Verantwortung in einer Situation generiert wird und überprüft dann vorhandene theoretische Ansätze hinsichtlich ihres Erklärungspotentials. Der Fokus auf eine spezifische Situation, in der Verantwortung relevant wird, vernachlässigt, dass zum Beispiel für die Rahmung einer Situation oder die Zuschreibung von Verantwortung der Rückgriff auf einen Begriff der Verantwortung erfolgt. In diesem Fall besteht die Gefahr, dass mit einem Verantwortungsbegriff, welcher aus der Situation heraus entwickelt wurde, operiert wird. Dieser kann aber tatsächlich einen Verantwortungsmythos darstellen. In diesem Fall kommt zum Tragen, dass etwas als Verantwortung betrachtet wird, nur weil es in der Situation durch die Personen als Verantwortung definiert wird. Dieser Verantwortungsmythos genügt jedoch nicht einem objektiven Maßstab, welcher eigentlich an einen Verantwortungsbegriff anzulegen wäre[12] (Zwierlein 1994, S. 30ff.).

Für die vorliegende Arbeit hat dies zur Folge, dass eine Beschränkung auf das axiomatisch festgelegte Wesen (den Begriff) der Verantwortung oder Begriffe, die aus Verantwortungsphänomenen gewonnen wurden, problematisch ist[13]. Es muss – im Gegensatz dazu – zur Sprache kommen, auf welche Begriffe von Verantwortung zur Beschreibung des betrachteten Phänomens von Verantwortung zurückgegriffen wird, beziehungsweise welche Begriffe von Verantwortung in der betrachteten Situation an Relevanz gewinnen und wie diese Begriffe abstrahiert werden können.

4.4 Leitlinien für die systematische Theorienanalyse

An dieser Stelle sollen die Ergebnisse und die sich daraus ergebenden Prämissen für das weitere Vorgehen noch einmal kurz dargestellt und daraus Leitlinien für den Theorienvergleich entwickelt werden.

Im weiteren Verlauf werden die beiden ausgewählten Verantwortungskonzepte von Niklas Luhmann und Siegfried zunächst unabhängig voneinander analysiert, um sie anschließend einer vergleichenden Betrachtung zugänglich zu machen. Es werden zwei Ansätze herangezogen, die als Versuch gedeutet werden können, eine grundlegende Auseinandersetzung mit dem Thema Verantwortung anzustreben. Zum einen wird ein systemtheoretischer Ansatz verwendet, der sich darauf konzentriert, die Funktion von Verantwortung zu beschreiben. Zum anderen wird ein interpretativ-soziologischer Ansatz benutzt, der Verantwortung als Grundbegriff einer Theorie der Identität zu fassen sucht. In diesem ersten Teil des Vergleiches sollen die Komponenten der Verantwortung innerhalb der Konzepte zunächst getrennt voneinander ausführlich dargestellt, voneinander abgegrenzt und Gemeinsamkeiten und Unter-

---

12 Der Begriff Verantwortungsmythos ist hier angelehnt an den neo-institutionalistischen Begriff des Rationalitätsmythos. Damit wird eine Handlung als rationale Handlung definiert, obwohl sie tatsächlich keiner rationalen Wahl entspricht. Ein häufig genanntes Beispiel ist hier die Tendenz der Unternehmer Ende der achtziger Jahre, selbst kleine Betriebe mit EDV auszustatten. Obwohl die Effizienz einer solchen Maßnahme objektiv fragwürdig erschien, wurde die Investition stets mit einer gesteigerten Effizienz begründet (Kieser/Walgenbach 2003, S. 319ff.).

13 Eine umfangreiche Auseinandersetzung mit diesem Problem der Begriffsbildung führt Andreas Balog als die Kategorisierung sozialer Phänomene mittels interner gegenüber externer Zurechnung an (vgl. Balog 2006, S. 89ff.).

schiede[14] herausgestellt werden. Das Ziel dieser Vorgehensweise ist die Reduktion von Komplexität. Der Fokus liegt hierbei nicht darauf, die beiden Ansätze zu verschmelzen, sondern aufzuzeigen, in welchen Punkten sich die Herangehensweisen an das Thema Verantwortung ähneln und in welchen Punkten sie sich unterscheiden. Im zweiten Teil dieser Arbeit soll ein Weg aufgezeigt werden, der die Anwendbarkeit theoretischer Ansätze auf identische Verantwortungsphänomene berücksichtigt. Dabei wird die Frage thematisiert, inwiefern die Konzepte in der Lage sind einen Zusammenhang zwischen gegebenen Erscheinungen von Verantwortung herzustellen. Für die Theorienanalyse wurden anhand der Spannungsfelder im Diskurs folgende Leitprämissen herausgearbeitet.

1.) Die Grundannahme dieser Arbeit lautet, dass die starken Differenzen bei der Konzeption von Verantwortung auf den Versuch zurückgehen, ein stark komplexes Phänomen für die wissenschaftliche Analyse handhabbar zu machen. Das Ziel dieser Arbeit ist der Versuch, einen Zugang zu dem Thema Verantwortung zu erarbeiten, der diese Einschränkungen der Herangehensweise thematisiert. Dies soll durch einen Theorienvergleich zweier Konzepte zur Verantwortung als geeignete Methode gelingen. Dabei werden zwei Theorien verwendet, die die Spannungsfelder des Verantwortungsdiskurses thematisieren und zum Teil überwinden.

2.) Unabhängig davon, wie man den Begriff Verantwortung zuschneidet, wird er häufig axiomatisch als ein problemlösendes oder als problembehaftetes Element aufgefasst. Neben der Differenzierung des Begriffes wird auch die Haltung betrachtet werden, die der Autor zur Bedeutung von Verantwortung als Problem oder als Lösung einnimmt.

3.) Um der Diskontinuität der Verantwortung gerecht zu werden, werden in der wissenschaftlichen Auseinandersetzung mit dem Thema Verantwortung zwei Strategien genutzt. Diese beziehen sich auf die Spezifizierung des Begriffes und den Fokus auf ein eingeschränktes empirisches Feld. Die Analyse der verschiedenen Theorien zur Verantwortung, wie sie in dieser Arbeit vorgenommen wird, beachtet deshalb auch stets neben dem inhaltlichen Aspekt die Art und Weise der Lösung des Problems von Diskontinuität.

---

14 Auch wenn der Fokus in dieser Arbeit auf die Gemeinsamkeiten der beiden Theorien gelegt wird, so wurde doch deutlich das ein solches Ziel nur vor dem Hintergrund der Differenzen und der unterschiedlichen Herangehensweisen an das Thema realisiert werden kann.

4.) Die verschiedenen Theorien gewinnen ihren Begriff von Verantwortung in erster Linie durch zwei unterschiedliche Vorgehensweisen. Ein Weg stellt die logische Analyse dessen dar, was Verantwortung grundlegend ausmacht. Dabei werden die Dimensionen des Begriffs mit einem Phänomen abgeglichen und es wird so zu entscheiden versucht, wie das Ausmaß und die Relevanz des Phänomens als Verantwortungsphänomen zu beurteilen sind. Die zweite Vorgehensweise betrachtet, wie Verantwortung in der Situation verwendet wird. Dies geschieht mit dem Ziel diese Verwendung zu systematisieren und deren Effekte aufzuzeigen. Bei Analyse der verschiedenen Theorien zur Verantwortung muss deshalb hinterfragt werden, ob der Begriff aus der Situation oder einer theoretisch-logischen Analyse gewonnen wurde.

5.) Eine Theorienanalyse, die den Gehalt einer Theorie zu bewerten oder zwei Theorien gegeneinander abzuwägen versucht, ist immer der Kritik ausgesetzt, stillschweigend aus einer wissenschaftlichen Position heraus zu agieren. Eine objektiver Standpunkt ist – so der Vorwurf – nicht einzuhalten. Dies hat zur Folge, dass dort, wo sich eine Theorie zur Erweiterung einer anderen Theorie eignet, auch immer diejenigen Aspekte thematisiert werden müssen, die gegen eine solche Erweiterung sprechen.

4.5 Zum Vorteil eines soziologischen Denkstils für die Analyse von Verantwortung

An dieser Stelle, an der die Prämissen für die Auseinandersetzung mit dem Thema Verantwortung, wie sie in dieser Arbeit beabsichtigt wird, deutlicher geworden sein sollten, bleibt noch eine entscheidende Frage zu klären: Welche Vorteile bietet die soziologische Betrachtungsweise im Umgang mit dem Thema?

Diese Frage lässt sich auf vielfältige Art und Weise beantworten. Es lässt sich die besondere Bedeutung der Soziologie und deren Anspruch an eine wertfreie Tatsachenbeschreibung anführen. Diese ist sehr gut geeignet, einen so mit Werten überladenen Begriff wie den der Verantwortung aus seiner normativen Einbettung zu befreien oder zumindest latente Strukturen aufzuzeigen, die sich dieser Betrachtung entziehen. Gleichermaßen lässt sich die besondere Bedeutung der soziologischen Analyse für paradoxe oder augenscheinliche triviale Gegebenheiten anführen. Die Soziologie kann es zum Beispiel leisten, Paradoxien oder Trivialitäten aufzudecken, indem sie die Kausalität eines Zusammenhangs in Frage stellt (Schnell/Hill/Esser 2001, S. 53ff.).

Diese Ansätze haben mit Sicherheit ihre Berechtigung. Allerdings lässt sich jedem Ansatz auch schnell eine kritische Betrachtung gegenüberstellen. Der Kritik wissenssoziologischer und kultursoziologischer

Ansätze an der Möglichkeit von Wertfreiheit der Wissenschaft wäre dabei genauso viel Raum einzuräumen wie der simplen Feststellung, dass eine Wissenschaft, die sich mit der Lösung eines paradoxen Zusammenhang beschäftigt – gerade bezüglich des Themas Verantwortung – viele neue Paradoxien im wissenschaftlichen Diskurs hervorbringt (Bortz/Döring 2009, S. 305f.). Dies liegt mitunter daran, dass solche Begründungen für die Bedeutung der Soziologie im Umgang mit dem Thema Verantwortung bereits einen Begriff von Verantwortung voraussetzen.

Um einen Zugang zur Begründung der soziologischen Relevanz vom Umgang mit Verantwortungsphänomenen und Verantwortungsbegriffen zu finden, wird an dieser Stelle die Fragerichtung umgekehrt. So soll nicht danach gefragt werden, wo die Probleme eines Verantwortungsbegriffes liegen, um diesen Problemen dann soziologische Lösungsmöglichkeiten zur Seite zu stellen, sondern es soll vielmehr die Frage reflektiert werden, welchen Zugang sich eine soziologische Betrachtungsweise zur Beschreibung von Verantwortungsphänomenen erarbeiten kann. Einer ähnlichen Frage hat sich Paul Fauconnet – ein Schüler Emile Durkheims – in seiner Dissertation „La Responsabilité. Étude de sociologie" gewidmet. Er versucht Verantwortung als Paradebeispiel einer sozialen Tatsache zu fassen (Fauconnet 1934, S. 8). Die Verdinglichung sozialer Fakten und deren Rückbezug auf das Individuum stellen gerade den besonderen Zugang der Soziologie zu Verantwortungsphänomenen dar. Die Besonderheit der soziologischen Betrachtung liegt in der Beachtung der Emergenz von sozialen Phänomenen. Die Soziologische Methode greift dabei sowohl die Wirkung als auch die Entstehung eines Phänomens auf (König 1995, S. 176).

Man würde an dieser Stelle über das Ziel hinausdrängen, beschränkte man sich auf eine Bearbeitung des Themas, die sich streng an einer soziologischen Methode nach Durkheim orientiert. Zum einen wird hier eine moderne Lesart angewandt, die zum Beispiel Individual- und Kollektivbewusstsein nicht als alternative Bezugssysteme voraussetzt (König 1995, S. 36f.). Zum anderen soll der Rückbezug auf Durkheim beziehungsweise Fauconnet lediglich dazu dienen, den gewählten Zugang zu fundieren. Das konkrete methodische Vorgehen wurde hingegen bereits im ersten Teil dieser Arbeit abgehandelt.

Wie sieht diese Fundierung des Zugangs der vorliegenden Arbeit konkret aus? Sie rechtfertigt zunächst das Vorgehen einer Annäherung an das Thema mit Hilfe eines Theorienvergleichs. Die vergleichende Methode stellt eine geeignete Methode, nach Durkheim sogar die alleinig geeignete Methode einer soziologischen Bearbeitung dar (König 1995, S. 208). Darüber hinaus erlaubt der Zugang über Durkheim ein analytisches Schema aufgrund von Gemeinsamkeiten zweier Ansätze zur Verantwortung abzuleiten. Hier ist die Entsprechung in Durkheims Plädoyer für die Methode der parallelen (konkomitanten) Variationen zu suchen (König 1995, S. 211).

Dies bedeutet aber auch, dass Anforderungen an die Auswahl der zu vergleichenden Theorien berücksichtigt werden müssen. Der Ausgangspunkt der Analyse von Verantwortung als soziale Tatsache erfordert, dass zum einen der Aspekt der Emergenz und der Funktion von Verantwortung berücksichtigt werden müssen. Andererseits sollte das Phänomen hinsichtlich eines Zwangs und äußeren Drucks, welcher auf den einzelnen wirkt, thematisiert werden (vgl. König 1995, S. 43f.).

Neben der Berücksichtigung dieser Voraussetzungen wurde bei der Auswahl der Theorien darauf geachtet, dass diese einen möglichst breiten Bereich von Verantwortungsphänomenen abdecken. Des Weiteren soll ein Verantwortungsbegriff nicht paradigmatisch vorausgesetzt, sondern in der Analyse des Phänomens gewonnen oder zumindest im Hinblick auf seine Anwendbarkeit thematisiert werden. Ziel ist hier, Konzepte der Verantwortung heranzuziehen, die sich nicht eindeutig einem Spannungsfeld des Verantwortungsdiskurses zuordnen lassen, da diese die Spannungsfelder zumindest implizit thematisieren. So soll vorgebeugt werden, dass eine Vergleichbarkeit der Theorien schon durch die Herangehensweise an das Thema erschwert oder verhindert wird.

5 Siegfried Reck: Identität, Rationalität und Verantwortung

5.1 Der Begriff der sozialen Identität

Die Gesellschaft schafft „Mittel zur Kategorisierung von Personen" (Goffman 1967, S. 9). Diesen Kategorien lassen sich Attribute zuordnen, die man als diesen Kategorien zugehörig empfindet. Diese kategorisierten Personen lassen sich wiederum sozialen Einrichtungen zuordnen. Routinen in der Interaktion erlauben es nun, dass man fremden Personen automatisch Attribute zuschreibt und deren soziale Identität damit antizipiert (Goffman 1967, S. 9f.).

Diese Antizipationen wären für die Soziologie relativ bedeutungslos, wenn sich nicht daran normative Erwartungen knüpfen würden. Normalität – das, was sich in sozialen Routinen eingespielt hat – wird zur Normativität –dem, was man aufgrund der Antizipation erwarten darf. Die Eigenschaften, die aufgrund der vorangegangenen Interaktionen erwartet werden, nennt Goffman „virtuale soziale Identität" (Goffman 1967, S. 10). Reck stellt sich nun die Frage, ob die virtuale soziale Identifizierung[15] immer auf eine gefestigte soziale Identität zurückgreift oder lediglich auf eine Erwartung einer vorgestellten sozialen Identität (Reck 1981, S. 12f.). Schreibt man einem Arzt besondere Sorgfalt als Teil seiner virtualen sozialen Identität zu, so bedeutet dies entweder, dass man dies tun kann, da sich die Sorgfalt in der Interaktion mit Ärzten in der Gesellschaft – etwa als eine Norm – institutionalisiert hat. Damit führt eine festgeschriebene soziale Identität des Arztes dazu, dass diese Sorgfalt Teil einer virtualen sozialen Identität wird. Oder man verfährt auf diese Weise, da eine Sorgfalt von Ärzten im Umgang mit Patienten Teil einer antizipierten sozialen Identität ist. Man kann diese Sorgfalt erwarten, weil man sie erwarten möchte. Dies würde dann bedeuten, dass sich die virtuale soziale Identität und die soziale Identität parallel entwickeln.

Dieses Problem der Unklarheit, wie sich virtuale soziale Identifizierung und gefestigte soziale Identität zueinander verhalten, wird beson-

---

15 Die Begriffe Identität und Identifizierung verwendet Reck nicht immer konsistent. Meistens beschreibt die Identifizierung den Prozess der Zuschreibung einer Identität. In manchen Fällen spricht Reck jedoch auch von Identifizierung als Zustand. Dies ist dann der Fall, wenn kein oder kaum Dissens bezüglich der Identität herrscht. Der Begriff der sozialen Identifizierung kann also entweder den Prozess der Zuschreibung von sozialer Identität oder eine selten hinterfragte soziale Kategorie, damit eine unhinterfragte soziale Identität, bezeichnen. Reck beabsichtigt vermutlich mit der Wortwahl Identifizierung anzudeuten, dass der Prozess der Identifizierung vorgegeben ist. Damit gelangen verschiedenen Personen zwangsläufig zu einer ähnlichen Identitätszuschreibung (vgl. Reck 1981, S. 12ff.).

ders am Begriff des Stigmas deutlich. Ein Stigma bezeichnet eine Diskrepanz zwischen virtualer und sozialer Identität (Goffman 1967, S. 13). So erlaubt die Stigmatisierung als „Quacksalber" zum Beispiel den Anspruch aufrechtzuerhalten, dass Sorgfalt und Rechtschaffenheit die Attribute eines Arztes sind. Reck wirft nun ein, dass im Falle des Stigmas die virtuale Identität viel schneller aufgegeben werden müsse, sollte sich virtuale Identität alleine aus einer feststehende Kategorisierung (gefestigte soziale Identität) speisen. Liegen Attribute der Person vor, die nicht mehr zur virtualen Identität passen, müssen diese anhand der tatsächlichen, aus diesen Attributen gewonnenen, gefestigten sozialen Identität neu definiert werden (Reck 1981, S. 14). Stellt sich zum Beispiel heraus, dass ein Arzt sorglos mit seinen Patienten umgeht, so wird er nicht direkt in die Kategorie eines schlechten Arztes eingeteilt, sondern der Anspruch an die Sorgfalt wird aufrechterhalten. Reck behauptet nun, dieses Vorgehen resultiere aus der parallelen Entwicklung von sozialer und virtualer Identität. Würde man die virtuale Identität verwerfen, wäre damit auch die soziale Kategorisierung der Rolle des Arztes gefährdet. Damit geht Reck davon aus, dass es eben nicht nur Routinen in der Interaktion sind, die virtuale Identifizierung ermöglichen, sondern auch immer persönliche Erwartungen von Bedeutung sind. Man schreibt deshalb nicht nur jene Attribute den virtualen Identitäten zu, welche aufgrund von Normativität erwarten werden können, sondern auch solche, die man aufgrund seiner eigenen individuellen Persönlichkeit als wünschenswert erachtet. Man verhält sich so, als ob die individuellen Erwartungen (virtuale Identität) an einen Arzt generell zu erwarten (virtuale soziale Identität) wären. Entspricht dessen Verhalten (soziale Identität) nicht den eigenen Erwartungen, so sieht man zunächst großzügig darüber hinweg. Für die Enttäuschung allgemeiner Erwartungen bietet die Stigmatisierung eine geeignete Absicherung. Für die Enttäuschung der besonderen Erwartungen gibt es diese Absicherung nicht.

Für Recks weitere Konzeption von Verantwortung soll an dieser Stelle festgehalten werden, dass das Verhältnis von sozialer und virtualer Identität durchaus problematisch ist. Virtuale Identität kann nicht einfach fallen gelassen werden, da hierdurch auch immer die soziale Identität als Mittel zur Kategorisierung von Personen in Frage gestellt wird. Darüber hinaus wird deutlich, dass Reck einen starken Fokus auf das Individuum legt. Das Idiom, dass eine individuelle Persönlichkeit auch nur aus der Perspektive einer sozialen Gemeinsamkeit erkennbar ist, löst Reck mit dem Verweis auf eine vorgestellte soziale Kategorie. Personelle Eigenschaften lassen sich nur durch eine soziale Brille betrachten. Jedoch kann der Einzelne die Brille so aufsetzen, dass er nur das sieht, was er auch sehen möchte.

5.2 Das Konzept der Selbstverantwortung des Denkens und der Selbstidentifizierung im Handeln

In der Auseinandersetzung mit dem Rollenbegriff, in erster Linie der Bedeutung der Person hinter der Rolle sowie der Frage nach der Möglichkeit von Identifizierung, welche meines Erachtens stark an die Meadsche Konstitution der Dingvorstellung[16] erinnert, ohne diese explizit zu erwähnen, gelangt Reck zu zwei wichtigen Erkenntnissen (vgl. Reck 1981, S. 21ff.).

Zum einen wäre hier die Selbstverantwortung des Denkens zu nennen. So ist die Identifizierung auch als Teil der individuellen Bedürfnisse und nicht nur als von außen herangetragenes Element zu denken. In der Identifizierung kann die Person Stellung zu den ihr zugänglichen Kategorien zur Identifizierung von Gegenständen, Personen, Handlungen etc. nehmen. Selbstverantwortung heißt dann, dass man sich eventuellen Widersprüchen, die sich durch unterschiedliche Identifizierung einstellen, bewusst wird (Reck 1981, S. 48). Dies soll nun auf das besprochene Problem des Zusammenhangs von virtualer und sozialer Identität bezogen und am bereits bekannten Beispiel verdeutlicht werden. Auf der einen Seite wird die virtuale Identität eines Arztes relevant, die diesem Sorgfalt im Umgang mit Patienten zuschreibt, auf der anderen Seite die aktuelle soziale Identität, die der virtualen Identität widerspricht. Der Arzt geht sorglos mit seinen Patienten um. Trotzdem wird die zugeschriebene virtuale Identität aufrechterhalten. Dies geschieht, da eine Neuzuschreibung von virtualer Identität gleichzeigt die Erwartung an soziale Identität reduzieren würde. Zum einen verlangt die aktuelle soziale Identität eine Neuzuschreibung der virtualen Identität. Zum anderen verlangt die Aufrechterhaltung der Kategorisierung eine Aufrechterhaltung der sozialen Identität, um sicherzugehen, dass auch in Zukunft die soziale Identität antizipiert werden kann und sie somit eine gefestigte soziale Identität darstellt. Die Reflexion dieses Widerspruchs bezeichnet Reck als Selbstverantwortung des Denkens (Reck 1981, S. 48). Selbstverantwortung bedeutet in Falle des Arztes also, zu reflektieren, dass man die virtuale Identität nur aufrecht erhält, weil man sich einen guten Arzt „wünscht" und deshalb nur die sozialen Kategorien aktiviert, die in diese Vorstellung hineinpassen.

Reck setzt diese Selbstverantwortung dann als Selbstidentifizierung im Handeln in Bezug zu dem Verantwortungsbegriff von Max Weber (vgl. Weber 1993, S. 23ff.). Er schränkt jedoch ein, dass ein handlungstheoretisches Zweck-Mittel-Schema zu kurz greift. So kann nicht davon ausgegangen werden, dass Mittel und Handlungsweisen immer frei

---

16 Ein ausführliche Darstellung der Meadschen Überlegungen ist unter anderem bei Wolfgang Ludwig Schneider zu finden (vgl. Schneider 2008, S. 194ff.).

wählbar sind. Häufig, so Reck, drängen sie sich von außen dem Einzelnen auf (Reck 1981, S. 51). Für Reck ist Verantwortung nicht die Antwort auf die Frage, wie Handlungen so angepasst werden können, dass antizipierte negative Folgen ursprünglicher Handlungsentwürfe vermieden werden. Für ihn bedeutet Verantwortung die Gleichzeitigkeit verschiedener sich widersprechender Identitäten. Damit liegt der Verantwortung die Frage zu Grunde, wie sich widersprechende Identitäten zu einer einheitlichen Identität zusammengeführt werden können. Deshalb besteht verantwortungsvolles Handeln nicht nur in der Antizipation von Handlungsfolgen, sondern verweist wiederum auf die Selbstverantwortung. Es besteht damit in der Reflexion der von außen vorgegebenen und der selbst vorgenommenen Identifizierungen (Reck 1981, S. 52f.).

Ein weiteres Beispiel kann hier zur Klärung beitragen: Ein Hochschulmitarbeiter identifiziert die Anfertigung einer Klausur als Teilleistung in der Prüfungsordnung als unangemessen. Vom Dekan und seinen Kollegen wird ihm jedoch die Identifizierung vorgegeben, dass es sich hierbei um einen wichtigen Aspekt der Prüfungsordnung handelt. Im Alltagsverständnis von Verantwortung könnte man zum Beispiel annehmen, dass es seine Verantwortung als Hochschulmitarbeiter ist, sich gewissenhaft an die Prüfungsordnung zu halten. Reck verortet die Verantwortung jedoch in der Reflexion des Widerspruchs von der Identifizierung des Dekans und der Identifizierung des Hochschulmitarbeiters. Damit ist eine strikte Handlungsorientierung an der eigenen Identifizierung gleichermaßen verantwortungslos wie eine Handlungsorientierung an der von außen vermittelten Identifizierung. Verantwortung ist nicht fassbar in einem „entweder - oder“ verschiedener Handlungsalternativen, gemessen an deren antizipierten Folgen, sondern im „Zueinander-in-Bezug-setzen“ der verschiedenen Identifizierungen.

Die Antizipation von Folgen kann sogar im Widerspruch zur Verantwortung nach Reck stehen. Um zu antizipieren, bedarf es wiederum neuer Identifizierungen. Der Hochschulmitarbeiter antizipiert das Handeln des Dekans. Dies kann aber allein aufgrund zugeschriebener virtualer Identität geschehen. Antizipiertes Handeln ist demnach zunächst immer virtual. Damit ist Antizipation von Folgen erst dann der Reflexion bezüglich Widersprüchlichkeit zugänglich, wenn aktuelle soziale Identität vorliegt. Damit müssen die Folgen bereits eingetreten sein.

Die Handlungsverantwortung ist demnach in erster Linie von der Selbstverantwortung abhängig. In der Reflexion verschiedener Identitäten, die sowohl von außen an das Individuum herangetragen werden als auch durch Identifizierung von diesem gewonnen werden, liegt die Aufgabe verantwortungsvollen Handelns. Abweichend zu Webers Verantwortungsethik geht es nicht darum Zwecke, Mittel und Ziele an antizipierte Folgen oder Nebenfolgen des Handels anzupassen. Das Handeln orientiert sich viel mehr an den Widersprüchen selbst. Die Widersprüche und nicht die vorgegebene Lösungen dieser Widersprüche (damit die Entscheidung für die eine oder die andere Handlungsalternative) müssen im Handlungsentwurf thematisiert werden und eine entsprechende Beachtung finden.

5.3 Fremdverantwortung

Mit der Selbst- und der Handlungsverantwortung ist allerdings noch nicht das Ende der Verantwortungskonzeption von Siegfried Reck erreicht. Er widmet sich im Anschluss daran der Frage, ob sich aus der Selbstverantwortung eine Verantwortung für die Handlungen von anderen Personen generieren lässt. Hat somit der Einzelne dafür Sorge zu tragen, dass Identitäten, die er von außen an eine zweite Person heranträgt, möglichst konfliktfrei sind? (Reck 1981, S. 55). Reck lässt diese Frage relativ schnell wieder fallen, weil sie seiner Ansicht nach auf ein schwer lösbares Problem stößt. Identifizierungen verlaufen selten bewusst, sondern erscheinen dem Einzelnen oft als Wirklichkeit. Erst wenn diese als widersprüchlich erscheinen, kann ihre Konstruktion dem Einzelnen bewusst werden (Reck 1981 S.56f.). So kann es vorkommen, dass man im Supermarkt selbstverständlich eine anwesende Person nach dem Standort des Zuckers fragt; wenn diese sich als Kunde verwundert zu erkennen gibt, wird man sich der falsch zugeschriebenen virtualen Identität bewusst. Diese Retrospektivität schränkt nach Reck die Möglichkeit ein, eine Aussage über Fremdverantwortung zu machen. Der Widerspruch wird womöglich erst deutlich, nachdem das Gegenüber bereits mit der Identifizierung konfrontiert wurde. Es lässt sich demnach nicht sicher entscheiden, ob eine Identität als einzig mögliche an eine Person herangetragen wurde oder diese aus widersprüchlichen aber bereits reflektierten Identifizierungen gewonnen wurde (Reck 1981, S. 58).

Tatsächlich identifiziert Reck meines Erachtens dieses Problem vorschnell als ein Problem, welches in erster Linie einer psychologischen Analyse zugänglich ist. Deshalb soll im Folgenden versucht werden, die Frage nach der Fremdverantwortung im Rückgriff auf einen soziologischen Klassiker zu rekonstruieren. Das Problem der Möglichkeit von Fremdverantwortung kann anhand der Überlegungen von Durkheim zum Selbstmord bearbeitet werden:

Durkheim beschreibt den altruistischen Selbstmord als Ergebnis einer Überbetonung der gesellschaftlichen Anforderungen (Durkheim 1973, S. 243). In diesem Fall geschieht der Selbstmord – im Sinne Recks interpretiert – aufgrund der unreflektierten Übernahme virtualer sozialer Identitäten. Gleiches gilt für den egoistischen Selbstmord als strikte Orientierung an der selbst zugeschriebenen Identität oder der Identität von

Gruppen (Durkheim 1973, S. 162). Für diese beiden Arten wäre Verantwortung nicht von Relevanz, da Widersprüche womöglich wahrgenommen, jedoch nicht reflektiert werden.

Anders verhält es sich mit dem „anomischen Selbstmord" (Durkheim 1973, S. 273). Dieser resultiert aus dem Verlust klarer Normsetzungen zur Regulierung der individuellen Bedürfnisse (Durkheim 1973, S. 273). Dies erschwert damit auch die Reflexion von außen herangetragener Identifizierungen. Die individuellen Identifizierungen können damit schlechter durch von außen vorgegebene Identifizierungen reguliert werden. Wenn in einem Supermarkt ein Verkäufer generell schwer von Kunden zu unterscheiden ist, werden häufiger Kunden als Verkäufer angesprochen. Durkheim schränkt dies jedoch insofern ein, als Beschränkungen nur in Interaktion mit der Gesellschaft relevant werden. Für Bedürfnisse, die sich lediglich an einem anderen Individuum orientieren, gilt, dass diese generell unbeschränkt sind (Durkheim 1973, S. 280f.). Dies bedeutetet, dass Fremdverantwortung nur dann vorliegt, wenn sich die ihr zu Grunde liegende Identifizierung auf soziale Kategorien stützt oder vorgibt dies zu tun[17].

Bezüglich der Fremdverantwortung lässt sich demnach festhalten, dass diese relevant und vor allem dann möglich wird, wenn sich die Identifizierung auf allgemein gültige gesellschaftliche Kategorien stützt. Fremdverantwortung ist damit nur auf solche Situationen anwendbar, in denen bereits durch virtuale Identifizierung sozialer Kategorien (also durch die Vorstellung, wie eine soziale Kategorie aussieht) ein Widerspruch entsteht. Ein Schwarzfahrer, der sich in der Bahn schlafend stellt, um nicht kontrolliert zu werden, obwohl er gerade zugestiegen ist, handelt damit nicht fremdverantwortlich. Denn diesem ist schon vor Eintreffen des Zugbegleiters bewusst, dass das Attribut „schlafend" im Widerspruch zu dem Status als gerade zugestiegener Fahrgast steht. Im Fall jenes Verhaltens handelt es sich sogar um die Ausblendung von Fremdverantwortung. Der Schwarzfahrer versäumt es nicht nur darauf zu achten, dass seine Identifizierung möglichst konfliktfrei ist, sondern er nutzt vielmehr Attribute, die zu einer Identifizierung hinleiten sollen, die seiner sozialen Identität widerspricht.

---

17 Prinzipiell ließe sich hier einwenden, dass sich jede Identifizierung auf soziale Kategorien stützt. Hier wird auch deutlich warum Reck die Fremdverantwortung nicht weiter verfolgt. Wenn nach Reck jede virtuale Identifizierung automatisch einen Anspruch an eine soziale Identifizierung erhebt, kann es keine Identifizierung geben, die sich nicht zumindest zum Teil auf vorgestellte soziale Kategorisierungen bezieht. Jeder Erwartung an eine Person folgt demnach, dass es auch möglich ist, diese als allgemeine Erwartung zu entwickeln.

5.4 Verantwortung für eine Rolle und die Verantwortungsschwäche des Ich

Zum Abschluss sollen noch zwei weitere Aspekte der Verantwortung betrachtet werden. Hierbei handelt es sich um die Verantwortung für eine Rolle und die Verantwortungsschwäche des Ich. Die Verantwortung für eine Rolle setzt Reck mit Gehorsam gleich. Verantwortungsvolle Rollenübernahme bedeutet, dass die Positionsforderungen so erfüllt werden, dass sie die „sanktionsmächtigen Personen zufriedenstellen" (Reck 1981, S.100). Dies würde nun augenscheinlich bedeuten, dass Verantwortung für eine Rolle nicht den Charakter der Verantwortung erfüllt, bezieht sich diese jedoch lediglich auf die Orientierung anhand einer sozialen vorgegebenen Identifizierung und nicht auf die Thematisierung eines Widerspruchs. Während jedoch die Frage nach Techniken der Auflösung von Widersprüchen verschiedener Identifizierungen relativ implizit bleibt, geht Reck auf die Techniken der Verantwortungsübernahme für Rollen explizit ein (vgl. Reck 1981, S. 101f.). Um Verantwortung für eine Rolle zu übernehmen, bedarf es der zeitweisen Zurückstellung der Identifizierungen der ausführenden Person (des Rolleninhabers) und einer Betonung der Ansprüche der Rolle. Demnach verweist auch die Verantwortung für die Rolle auf die Selbstverantwortung. In diesem Fall führt eine verantwortungsvolle Handlung (Reflexion der Widersprüche Person vs. Rolle) in eine verantwortungslose Situation (der strikten Orientierung an den normativen Erwartungen) (Reck 1981, S. 105ff.).

Diese Perspektive verwirrt jedoch zum Beispiel in Hinblick auf Begriffe wie role-making oder Rollendistanz (Joas 1991, S. 143). So handelt es sich doch gerade bei der Rollendistanz um eine Möglichkeit Widersprüche zu thematisieren, ohne vollkommen aus der Rolle auszubrechen, demnach um eine verantwortungsvolle Rollenübernahme bei gleichzeitiger Thematisierung individueller Ansprüche. Tatsächlich geht Reck in seinen Ausführungen auf dieses Problem ein und bietet eine Lösung an. Reck sieht Selbstverantwortung als Äquivalent zum Stigma. Ein Stigma ist der *kritische Effekt* eines Zustandes sich widersprechender Identitäten, Verantwortung die *positive Reaktion* auf den Zustand sich widersprechender Identitäten. Rollendistanz fungiert nun als „Stigma-Abwehr" (Reck 1981, S. 107). Was hat man sich darunter vorzustellen? Hier kann ein Beispiel zur Klärung beitragen, welches auch häufig zur Verdeutlichung des Begriffs der Rollendistanz verwendet wird. Ein Lehrer verteilt an einen Schüler schlechte Noten, gibt jedoch gleichzeitig zu erkennen, dass er keine andere Möglichkeit hat und er als Lehrer dazu verpflichtet ist. Hier entsteht das Stigma in der Übertragung der Strenge des Lehrers auf die Person. Die Liebenswürdigkeit der persönlichen Identität ist durch die Strenge der aktuellen sozialen Identität gefährdet. Nach Reck verstärkt Rollendistanz nun die Kluft zwischen Rolle und Person. Sie wirkt als Verstärkung nicht als Katalysator. Durch die Kontrastierung der Liebenswürdigkeit seiner Person und der Strenge der Rolle stellt der Lehrer beides als unvereinbar heraus. Das Stigma wird hier nicht in eine Situation der Verantwortung überführt, sondern lediglich zu reduzieren versucht. Bemerkenswert ist, dass sich Reck hier zum einen auf einen relativ starren Rollenbegriff bezieht, wie er bei Dahrendorf verwendet wird (vgl. Dahrendorf 2006, S. 37ff.). Zum anderen verwendet er einen eher interaktionistischen Rollenbegriff, wie er bei Goffman Beachtung findet[18] (vgl. Goffman 2008, S. 91ff.). Selbstverantwortung transferiert sozusagen eine aushandlungsorientierte situationsspezifische Rolle in eine starre, an festen Normen orientierte Rolle[19]. Übt der Lehrer Rollendistanz, so hat er nach Reck lediglich die Rettung seiner gefährdeten Identität im Blick. Handelt er rollenverantwortlich, so stellt er zwar seine eigene Identität zurück, schafft damit jedoch eine Widerspruchsfreiheit der Rolle. Rollenverantwortung fungiert als Selbstbindung. Damit sieht Reck auch zum Beispiel role-making und role-taking nicht als widersprüchliche Rollenbegriffe. Er würde vielmehr sagen, dass man sich durch Selbstverantwortung im role-making eine gemeinsame Definition erarbeitet, die man durch Rollenverantwortung im role-taking stabilisiert. Der Lehrer muss Lehrer sein, denn wenn er auch Person wäre, würde er das gefährden, was einen Lehrer ausmacht.

Von der Verantwortung für eine Rolle ist die „Verantwortungsschwäche des Ich" (Reck 1981, S. 127) abzugrenzen. Auch in diesem Fall findet eine strikte Orientierung an einer zugeschriebenen Identität oder einer Rolle statt. In diesem Fall werden jedoch nicht die Aspekte der Person gegenüber der Rolle zeitlich zurückgestellt, sondern gänzlich abgewertet. Die selbst zugeschriebene Identität orientiert sich in erster Linie an äußeren Zuschreibungen. Persönliche Interessen werden demnach nicht im Bezug auf eine Rolle in reflexiver Auseinandersetzung mit dieser für den Zeitpunkt der Rollenübernahme zurückgestellt, sondern jederzeit und überall (Reck 1981, S. 128f.). Demnach besteht die Gefahr, dass eine Verantwortung für eine Rolle auch als Verantwortungsschwäche des Ich

---

18 Womöglich erscheint es zunächst so, als ob hiermit eine Abwertung eines interaktionistischen Rollenbegriffs als verantwortungsloser Teil der Rolle stattfindet. Tatsächlich sind beide Begriffe jedoch als Teil ein und desselben Rollenbegriffes zu verstehen. Durch die Aushandlung entsteht eine Vorstellung einer Rolle, welche durch Selbstverantwortung gefestigt wird (vgl. Reck 1981, S. 41ff.).

19 Mit dem Unterschied, dass keine Sanktion sondern eine Selbstbindung die Erfüllung der Erwartungen garantiert.

gedeutet werden kann und umgekehrt[20]. Der Lehrer ist dann nicht nur dort Lehrer, wo es der Widerspruchsfreiheit nutzt, sondern auch dort, wo er eigentlich Person sein dürfte.

Die Verantwortung für eine Rolle dient demnach als so etwas wie die Stabilisierung eines in reflexiver Aushandlung gewonnen Handlungsentwurfes. Sofern der Umgang mit widersprüchlichen Identifizierungen in einer Rolle geregelt ist, entspricht es der Verantwortung für eine Rolle, diese Regelung zu übernehmen und sie nicht in erneute Reflexion zu überführen. Bei einem verantwortungsschwachen Ich werden hingegen auch solche Widersprüche, für welche die eingenommene Rolle keine vorgegebenen Regelungsmöglichkeiten anbietet, durch Vorgaben der Rolle zu lösen versucht.

5.5 Kritische Würdigung

Zunächst ist bei den Begriffen von Verantwortung hervorzuheben, dass Reck eine Betrachtung der Verantwortung ermöglicht, die sich nicht in erster Linie an den Folgen einer Handlung orientiert. Damit löst Reck den Verantwortungsbegriff aus seinem normativen, lediglich einer Bearbeitung mittels ethischer Kategorien zugänglichen Rahmen. Verantwortung greift dort, wo Erwartungen sich widersprechen oder aufgrund geringer Institutionalisierung unklar erscheinen. Damit lassen sich Aussagen über die Bedingungen von Verantwortung tätigen. Der Fokus verschiebt sich von der Betrachtung von Verantwortung als einer unabhängigen Variablen (Wie lassen sich Handlungsfolgen durch Verantwortung beeinflussen?) hin zu der Betrachtung als einer abhängigen Variablen (Welche Voraussetzung müssen erfüllt sein, damit Verantwortung greifen kann?). Er schafft es jedoch nicht gänzlich, diese Ablösung der Verantwortung von der Verantwortungsnorm zu leisten. Es bleibt stets die Frage offen, was Verantwortung denn nun genau ist. Reck zeigt auf, wo sie wirken kann, wie sie wirkt, jedoch bleibt die Frage implizit, wie Verantwortung handlungstheoretisch verankert ist. Ist es dem Einzelnen bewusst, dass jede virtuale Identifizierung eine Gefährdung für gesellschaftliche Kategorien ist? Handelt er deshalb verantwortungsvoll? Oder ist Verantwortung ein Derivat der Interaktion? Wird jemandem bewusst,

---

20 Reck merkt jedoch auch an, dass eine Verantwortungsschwäche des Ich in einem gewissen Maße auch positive Effekte hervorrufen kann. So verweisen seiner Ansicht nach Aussagen wie „Es tut mir dennoch leid, obwohl ich nicht Schuld bin" (Reck 1981, S. 128) auf eine gewisse Verantwortungsschwäche des Ich. Jemand übernimmt zum Teil eine Fremdidentifizierung, obwohl er diese zunächst als falsch einstuft. Dies ist Voraussetzung für eine Haltung, welche auf Aushandlung von Identitäten abzielt.

dass der Rückgriff auf eine objektive soziale Kategorie subjektiv geprägt ist, wenn man feststellt, dass sein Gegenüber diesen Rückgriff auf eine andere Art und Weise vornimmt? Reck erwähnt zwar immer wieder den Einfluss der Person, versäumt es jedoch diesen einer genauen analytischen Betrachtungsweise zugänglich zu machen. Reck spricht von Stigma und Verantwortung als zwei entgegengesetzten Polen (Reck1981 S. 83f.). Im Grunde genommen drückt er damit nur aus, dass es bei Stigma um die Differenz von Identitäten, bei Verantwortung um die Aushandlung – also Angleichung – von Identitäten geht. Goffman vermutet, dass Stigmatisierungsprozesse „eine allgemeine soziale Funktion zu haben scheinen – die Funktion nämlich, unter jenen Unterstützung für die Gesellschaft zu gewinnen, die nicht von ihr unterstützt werden." (Goffman 1967, S. 171). Er bezieht sich auf die Tatsache, dass man zum Beispiel Obdachlose stigmatisiert, weil sie eine Gefährdung für die Normalitätsvorstellungen von einem festen Wohnsitz darstellen. Man kann diese Normalitätsvorstellung nur aufrechterhalten, wenn man verdeutlicht, dass Wohnungslose eben nicht „normal" sind. Lässt sich diese Funktion nun auch auf die Verantwortung übertragen? Die Beantwortung dieser Frage knüpft an Recks Einwand an, dass ein Rückgriff auf soziale Kategorien immer nur durch Identifizierung stattfinden kann. Läge keine Verantwortung vor, so wären diese Kategorien dadurch gefährdet, dass sich viele Vorstellungen davon durchsetzen, welche Attribute ihnen zuzurechnen sind. Die Normalitätsvorstellung eines festen Wohnsitzes ist eben nicht durch dadurch gefährdet, dass es Obdachlose gibt (Stigma), sondern auch dadurch, dass die Vorstellung differiert, wer als Obdachloser anzusehen ist (Verantwortung). Damit ließe sich die Funktion der Stigmatisierung in der Sicherstellung der Aufrechterhaltung der sozialen Kategorien, die Funktion der Verantwortung in der Aufrechterhaltung der zugehörigen Attribute verorten. Strukturiert man diese Leistungen und offenen Fragen, die anhand der Verantwortungskonzeption von Reck herausgearbeitet wurden, nun mit Hilfe der Spannungsfelder des Verantwortungsdiskurses: Der Verantwortung liegt nach Reck das Problem zu Grunde, dass Identifizierungen, wurden sie erst einmal gebildet, auch bei auftretenden Widersprüchen nicht direkt fallengelassen werden. Er identifiziert Verantwortung damit zum einen als ein Prinzip, als notwendige Kompensation eines Problems. Trotzdem findet keine Überbetonung des Prinzips Verantwortung statt. Reck thematisiert die Probleme und Randbereiche von Verantwortung, wie zum Beispiel die Verantwortungsschwäche des Ichs.

Reck gewinnt seinen Verantwortungsbegriff aus einer theoretischlogischen Analyse von Identitätsbegriffen. Der Diskontinuität von Verantwortung versucht er gerecht zu werden, indem er den Begriff in verschiedene Verantwortungsbegriffe aufspaltet. Prinzipiell ist die Idee, dass Verantwortung in mehreren Formen auftreten kann, nicht neu.

Auch Weischedel versucht Verantwortungsphänomene in verschiedene Verantwortungsbereiche zu unterteilen (vgl. Weischedel 1972, S.77ff.). Neu ist jedoch, dass Reck diese Bereiche in Bezug zueinander setzt und nicht getrennt voneinander betrachtet. So wird zum Beispiel Fremdverantwortung dann relevant, wenn Selbstverantwortung nicht greift. Auch die Verantwortung für Rollen schließt zum Beispiel von einem gewissen Moment an die Selbstverantwortung aus. Die stark theorieorientierte Bearbeitung von Reck ist jedoch mit dem Nachteil verbunden, dass sie wenig empirische Belege für eine so konzipierte Verantwortung liefert. Reck gibt nicht an, in welcher Weise die Thematisierung und Identifizierungen in Handlungen wahrnehmbar oder messbar sind. Ebenfalls bleibt im Zuge der Analyse von Reck die Frage offen, welche gesamtgesellschaftliche Funktion Verantwortung ausübt[21]. Natürlich wäre hier im Sinne Recks zu entgegnen, dass Verantwortung widersprüchliche Identifizierungen löst. Daran schließt sich jedoch wieder die Frage an, wozu die Lösung widersprüchlicher Identifizierungen dient. Geht Reck hier mikrosoziologisch von einem Grundbedürfnis nach Handlungssicherheit aus, wie Goffman es in seiner Rahmenanalyse beschreibt oder reduziert – makrosoziologisch im Sinne Luhmanns betrachtet – Verantwortung das Problem der doppelten Kontingenz, oder ist Verantwortung letztlich – auf der Meso-Ebene – die Voraussetzung für Institutionalisierung, indem sie eine Organisation und Strukturierung von Widersprüchen darstellt (vgl. Goffman 1977, S. 9 und vgl. Luhmann 2008, S. 148)? Zur Verteidigung von Reck ist hier vorzubringen, dass es ihm bei seiner Fragestellung nicht in erster Linie um eine Konzeption von Verantwortung geht, sondern dass er seinen Verantwortungsbegriff im Rahmen von Überlegungen zu Goffmans Identitätskonzept entwickelt.

Es bleiben dennoch viele Fragen offen, die Reck nicht beachtet, wie zum Beispiel diejenige nach dem Einfluss widersprüchlicher Rollen oder widersprüchlicher Rollenerwartungen. Welche Bedeutung haben Intra- und Interrollenkonflikte für die Verantwortung für eine Rolle? Positiv hervorzuheben ist jedoch, dass Reck genügend Anhaltspunkte und Referenzen aufführt, diese Frage in seinem Sinne zu bearbeiten. So verweist die Lösung von Rollenkonflikten wiederum auf die Selbstverantwortung. Widerspricht zum Beispiel die in einer Rolle angebotene Lösungsmöglichkeit anderen in der Situation aktuellen Rollen des Rollensatzes, so obliegt es der Selbstverantwortung des Einzelnen diesen Widerspruch zu thematisieren. Da Reck – wie bereits bemerkt – jedoch so gut wie keine Anhaltspunkte liefert, seine Ansätze zu operationalisieren und in eine Überprüfung überzuleiten, bleiben diese weiterführenden Gedan-

21 Eine mögliche Antwort hierauf lässt sich zwar mit Hilfe von Goffmans Überlegungen zur Funktion des Stigmas ableiten, Reck geht auf diese jedoch nicht explizit ein (vgl. Reck 1981, S. 14ff. und vgl. Goffman 1967, S. 13ff.).

ken spekulativ. Insgesamt entsteht der Eindruck, Reck konstruiert hier einen verantwortungsvollen „Goffmensch[en]" (Schimank 2002, S. 68), der zum einen nach Erwartungssicherheit strebt, andererseits seine eigenen Zielvorstellungen durchzusetzen versucht. Während Goffman den Widerspruch zwischen allgemeiner Erwartungssicherheit und Durchsetzung individueller Interessen durch das Impression Management löst (Wie stellt man die Dinge so dar, dass der andere zu einer Rahmung gelangt die seinen Interessen entspricht?), sieht Reck die Reduktion dieses Widerspruchs durch die Verantwortung (vgl. Goffman 2008, S.17). Reines Impression Management reicht hier nicht aus, da mit jeder sozialen Identifizierung, mit jedem Rückgriff auf eine soziale Kategorie auch eine eigene Vorstellung mitschwingt, wie diese Kategorie sein sollte. Es geht in diesem Fall im doppelten Sinne darum, was man erwarten kann, nämlich darum, was man erwarten *darf*, und darum, was man erwarten *will*. Impression Management kann immer nur auf Ersteres rekurrieren.

5.6 Eine schematische Darstellung der Verantwortungskonzeption

Wie lässt sich entscheiden, wann welche Verantwortung relevant wird? Das folgende Schema stellt die Abhängigkeit der verschiedenen Verantwortungsbegriffe dar. Welche Begriffe bauen aufeinander auf und welche Begriffe schließen sich gegenseitig aus?

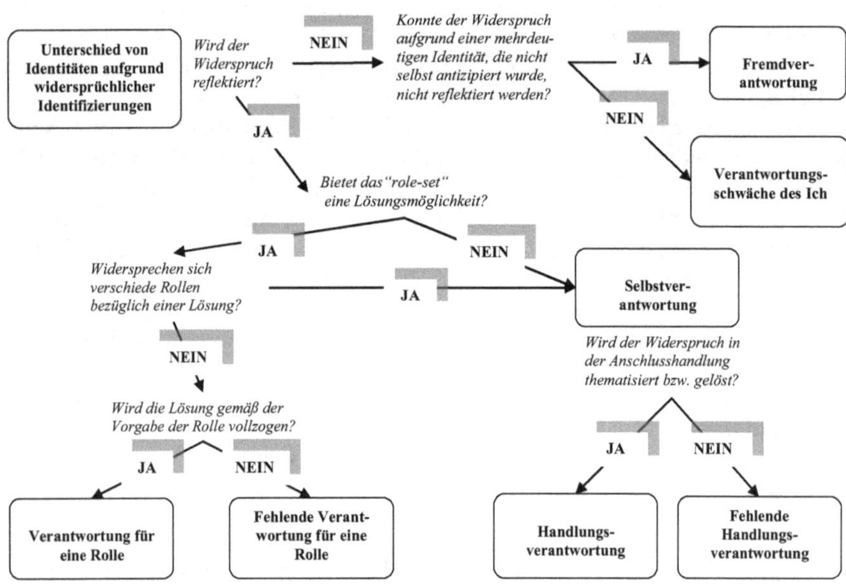

Abb.1: Die schematische Darstellung der Verantwortungsbereiche nach Reck

Zur Erklärung des Schemas sollen nun nochmals Selbst- Handlungs- und Fremdverantwortung sowie die Verantwortung für die Rolle und die Verantwortungsschwäche des Ichs anhand eines bereits bekannten Beispiels rekonstruiert werden:

Kunde 1 identifiziert im Supermarkt Kunde 2 als Verkäufer und fragt diesen nach dem Standort eines Produktes. Damit liegt eine aktuelle soziale Identität als „Kunde" vor, die der durch Kunde 1 zugeschriebenen virtualen Identität „Verkäufer" widerspricht. Betrachtet man diese Situation nun aus der Perspektive von Kunde 2: Reflektiert er diesen Widerspruch nicht, so würde dies bedeuten, dass er zwar einen Widerspruch wahrnimmt (im Sinne von „irgendetwas stimmt hier nicht), diesen jedoch nicht auf die widersprüchliche Identifikation Verkäufer/Kunde zurückführen kann. Zwei Bedingungen können hier zu Grunde liegen. Entweder er rekurriert so stark auf seine selbst zugeschriebene Identität als Kunde, dass keine Widersprüche zugelassen werden (Verantwortungsschwäche des Ichs) oder er rekurriert auf die Fremdverantwortung. Die Identifizierung von Kunde 2 als Verkäufer ist aufgrund der fehlenden Aspekte eines Verkäufers (zum Beispiel den seiner Tätigkeit, den einer einheitlichen Kleidung, etc.) äußerst fragwürdig. Die Gesellschaft stellt geeignete Mittel zur Verfügung, einen Verkäufer zu identifizieren. Deshalb liegt die Verantwortung für den Widerspruch in der mangelnden Identifizierung durch Kunde 1 (Fremdverantwortung).

Wird der Widerspruch jedoch reflektiert, so muss zunächst gefragt werden, ob sich dieser mit Hilfe seines Rollensatzes aufklären lässt. Sofern dies nicht der Fall ist oder verschiedene Rollen widersprüchliche Lösungsmöglichkeiten anbieten, obliegt es der Selbstverantwortung in der Reflexion des Widerspruches, einen Handlungsentwurf zu generieren. Lässt sich in diesem Handlungsentwurf die Lösung oder Thematisierung des Widerspruchs erkennen, liegt Handlungsverantwortung vor. Die Aussage „Ich kaufe auch nur hier ein" wäre insofern eine solche Thematisierung und Lösung des Widerspruchs, als sich über die soziale Identität von Kunde 2 verständigt wird.

Wie verhält es sich nun, wenn dieser Widerspruch in seiner Rolle als Kunde Beachtung findet. Gibt es eine standardisierte Regelung für den Fall, dass ein Kunde als Verkäufer angesprochen wird? Lässt sich zum Beispiel Hilfsbereitschaft gegenüber anderen Kunden als Rollenerwartung an einen Kunden identifizieren? Sofern dies der Fall ist, greift nun die Verantwortung für die Rolle. Erfüllt Kunde 2 diese Rollenerwartung, so hat er Verantwortung für die Rolle bewiesen.

An dieser Übersicht wird deutlich, dass Recks Konzept einen stark interpretativen Zugang zu Verantwortungsphänomenen ermöglicht. Für Handlungs-, Selbst- oder Fremdverantwortung lassen sich keine feststehenden Indikatoren angeben. Vielmehr geht es Reck darum, den Weg von dem Vorhandensein widersprüchlicher Identifizierungen zu den verschiedenen von ihm herausgearbeiteten Arten Verantwortung nachvollziehend zu verstehen.

6 Niklas Luhmann: Der systemtheoretische Blick auf Verantwortungsphänomene

6.1 Ziel und Herangehensweise eines systemtheoretischen Umgangs mit Verantwortungsphänomenen

Luhmanns Beschäftigung mit dem Begriff Verantwortung folgt vom Ausgangspunkt her den Auseinandersetzungen, die Luhmann auch mit anderen Begriffen, wie zum Beispiel Vertrauen, Rationalität etc. führt. Dabei ist der Zugang zum Thema durch zwei Aspekte gekennzeichnet. Zum einen sollte eine Bearbeitung des Themas nicht zum Ziel haben, den Sprachgebrauch des Begriffes von seiner vermeintlich eigentlichen Bedeutung abgrenzen zu wollen. Denn eine soziologische Theorie erfordere es gerade den Sprachgebrauch zu berücksichtigen (jedoch nicht zu übernehmen) (Luhmann 1968, S.1). Luhmann sieht also die Aufgabe einer soziologischen Analyse von Verantwortung zunächst darin, die Unterschiede in der Verwendung von Verantwortung zu erklären und nicht darin eine neue Verantwortungsnorm zu schaffen. Zum anderen muss man sich dem Problem der Selbstreferenz stellen (Luhmann 2008, S. 187). Verantwortung bezieht ihre Legitimation aus sich selbst heraus. Verantwortung erfordert einen verantwortungsvollen Umgang mit dem Begriff, wohingegen Schönheit zum Beispiel keineswegs einen schönen Umgang mit dem Begriff erfordert. Schönheit lässt sich beurteilen (wenn auch hier tendenzielle Unterschiede bestehen können), sogar bei Miss-Wahlen in eine Reihenfolge bringen. Sie lässt sich extern legitimieren. Bei Verantwortung (genau wie Vertrauen, Rationalität etc.) ist das Gelingen einer solchen Legitimation eher fragwürdig[22]. Eine soziologische Analyse von Verantwortungsphänomenen darf deshalb nicht nur nach neuen Verantwortungsbegriffen suchen. Genauso sollte sie sich nicht nur darauf beschränken zu erklären, welche Verantwortungsbegriffe im Alltag verwendet werden. Vielmehr steht die Frage im Mittelpunkt: Was ist der Reiz und die Funktion von Verantwortung als ein selbstreferentielles Gebilde – und zwar für den Verantwortungsbegriff, wie er verwendet wird – was ist das, was Verantwortungsphänomene leisten können, wodurch sie als Funktion für die Gesellschaft so interessant erscheinen? (Luhmann 2008, S. 188ff.).

---

22 Es ließe sich hier einwenden, dass juristische Verantwortung eine externe Legitimation durch Gesetze und Gerichte erfährt. Zu einem gewissen Teil mag dies auch zutreffen, da Gesetze und Urteile darum bemüht sind möglichst objektive Kriterien für Verantwortung anzuführen. Trotzdem lässt sich auch bezüglich der juristischen Verantwortung schlecht von einem „mehr oder weniger", sondern eher von einem „ja oder nein" sprechen (vgl. Klement 2006, S. 127ff.).

6.2 Komplexität als zu Grunde liegendes Problem

Die Isolation gegenüber der Umwelt ermöglicht es einem System Eigenkomplexität aufzubauen. Isolation bezeichnet den Verzicht darauf, für jegliche Umweltzustände Entsprechungen im System zu generieren. So kann eine Produktion von eigenen systemimmanenten Elementen gelingen. Isolation ist Voraussetzung für Autopoiesis und somit unvermeidlich (Luhmann 1997, S. 135f.).

„Komplexität [...] ist ein Begriff der Beobachtung und Beschreibung" (Luhmann 1997, S. 136). Entscheidend für Komplexität ist, dass es eine Ordnung, allerdings keine erschöpfende Ordnung gibt. Diese Ordnung besteht in der Verknüpfung von Elementen mittels Relationen. Die Ordnung ist nun nicht erschöpfend, wenn es so viele Elemente gibt, dass eine Selektion der Relationen vorgenommen werden muss. Nicht jedes Element wird mit jedem verknüpft, sondern es wird eine Auswahl an Verknüpfungen getroffen (Luhmann 1997, S.137). Komplexität bringt zwei Unsicherheiten hervor, so zum einen die Unsicherheit über das Vorhandensein einer Relation. Wenn eine Selektion der Relationen vorgenommen werden muss, besteht die Möglichkeit, dass zwei Elemente gleichzeitig relevant werden, für die keine Definition einer Relation vorliegt. Zum anderen besteht eine Unsicherheit bezüglich der Richtigkeit einer Relation. Da sich die Relationen im System nicht an den Umweltzuständen orientieren, sind sie nicht extern legitimiert. Deshalb besteht das Risiko, dass die vom System selbst generierten Relationen ungeeignet oder unzutreffend sind (Luhmann 1997, S 37ff.).

Wie hängen nun Komplexität und Isolation zusammen? Die Produktion systemdefinierter Relationen erfolgt über Kommunikation. Kommunikation ist wiederum in ihrer Verknüpfungsfähigkeit stark beschränkt. Dieses Problem ist in erster Linie ein zeitliches. Zwar kann zum Beispiel ein Mensch mit vielen anderen Menschen kommunizieren, allerdings nicht zur gleichen Zeit. Durch die Beschränkung der Kommunikation entstehen Relationisierungsverluste. Diese werden durch das Vorhandensein von Komplexität ausgeglichen (Luhmann 1997, S. 138f.). Darüber hinaus ist zu beachten, dass „Kommunikation sich selbst nur retrospektiv erfassen kann" (Luhmann 1997, S. 140) und einer ständigen „nicht eliminierbaren Unendgültigkeit" (Luhmann 1997, S. 141) ausgesetzt ist. Luhmann meint damit, dass man Kommunikation immer nur beurteilen kann, nachdem sie stattgefunden hat. Außerdem wird sie immer in Frage gestellt, das heißt, sie wird als misslungen oder unrichtig abgelehnt. Damit ergeben sich die Frage nach dem Vorhandensein einer Relation aus dem Problem der multirelationalen Beschränktheit der Kommunikation und das Problem der Richtigkeit einer Relation aus der nachträglichen Infragestellung der Kommunikation. Da das Verständnis dieser Ausgangskonstellation entscheidend für die weitere Konzeption von Verantwortung ist, soll hier der Sachverhalt nochmals anhand eines empirischen Falls erörtern werden[23]:

Zur Zeit des Bestehens der DDR war die private Ausfuhr von Meisner Porzellan verboten. Es soll sich ereignet haben, dass eine ältere Dame nach einem Besuch von Verwandten mit einem Koffer voll Meissner Porzellan ihren Heimweg per Zug angetreten hat, nichtwissend, dass die Ausfuhr nicht gestattet ist. Der zuständige Zöllner soll der Dame nach Durchsicht ihres Koffer – wohlwissend, dass es sich hierbei um Porzellan handelt, das nicht ausgeführt werden durfte – mitgeteilt haben, sie könne die „billige Keramik" ruhig behalten. Die alte Dame reagierte empört und verwies darauf, dass es sich hierbei um echtes Meissner Porzellan handle. Daraufhin musste der Zöllner die Dame festnehmen (vgl. D.R.A. 2007, S.13f.).

Zunächst liegen unterschiedliche Wissensstände bezüglich einer Relation vor. Die Relation zwischen der Ausfuhr von Meissner Porzellan und Strafrelevanz ist auf der einen Seite (Zöllner) vorhanden auf der anderen Seite nicht (alte Dame). Des Weiteren ist diese Relation durch Verschriftlichung (Gesetz) und häufige Wiederholung (Erfahrung) gesichert. Jede neue Ausfuhr von Porzellan stellt nun einen Umwelteinfluss dar, für den es keine festgelegte Relation gibt[24]. Demnach muss die Relation zwischen dem konkreten Porzellan und der Kategorie Meissner Porzellan erst hergestellt werden, um der Relation zwischen dem konkreten Porzellan und der Strafrelevanz Bedeutung zu verleihen. Diese Relation wird vom Zöllner nicht hergestellt, sondern die Relation „konkretes Porzellan" zu „billiger Keramik". Da der alten Dame die Relation „Meissner Keramik" zu „Strafrelevanz" fehlt, stellt sie die Kommunikation des Zöllners in Frage. Eine solche Herangehensweise ist möglich, da die vom Zöllner

---

23 Natürlich ist hier der Einwand berechtigt, dass ein Zugang zur soziologischen Systemtheorie von Luhmann und ein Verständnis der Luhmannschen Ausführungen häufig gerade nicht über Adaption an empirische Fälle gelingen können. Es wird dagegen gefordert man solle die Ausführungen in ihrer Abstraktheit belassen, um der Gefahr zu entgehen sie auf konkrete Beispiele herunter zu brechen und dadurch ihren Sinn zu verändern (Berghaus 2003 S.12ff. und vgl. Luhmann 2002, S. 192ff.). Im konkreten Fall geht es jedoch nicht darum zur Theorie von Luhmann Stellung zu nehmen oder diese anhand eines empirischen Beispiels zu kritisieren. Es kann also im Folgenden nur darum gehen, das, was sich auf ein Beispiel übertragen lässt, zu verwenden, und das, was sich nicht übertragen lässt oder in Anwendung auf ein Beispiel widersprüchlich scheint, nicht zu verwerfen, sondern zunächst weiterhin unhinterfragt als gültig zu akzeptieren.

24 Gäbe es diese Relation, so müsste für jeden auf der Welt existierenden Gegenstand festgelegt sein, ob man diesen ausführen dürfe oder nicht. Jede Kategorisierung ist damit bereits eine Selektion von Relationen.

gebildete Relation nicht endgültig ist. Der Zöllner wiederum relativiert seine zuerst gebildete Relation zwischen dem „konkreten Porzellan" und der Kategorie „billige Keramik". Aus diesem Grund wird die Relation „Meissner Porzellan" und „Strafrelevanz" aktiviert und der Zöllner nimmt die alte Dame fest. Hier wird besonders das Problem deutlich, dass Kommunikation erst im Nachhinein in Frage gestellt werden kann. Zuerst kommuniziert der Zöllner die Relation, dann stellt die alte Dame die Relation in Frage, darauf relativiert der Zöllner die gebildete Relation. Dieser Prozess findet nacheinander und nicht gleichzeitig statt.

Um eigene Relationen aufzubauen, muss sich ein System zunächst isolieren. Es wäre nicht zu leisten jeden Gegenstand auf der Welt hinsichtlich einer Ausfuhrerlaubnis zu vercoden. Deshalb werden Kategorien gebildet, wie zum Beispiel „Meissner Porzellan". Jeder neuer Gegenstand, wie zum Beispiel ein Teller im Gepäck eines Reisenden, ist nun ein Umwelteinfluss, der in Relation zu den Kategorien (also den vorhandenen Relationen) gesetzt werden muss. Diese neuen Relationen werden durch Kommunikation gefestigt oder verworfen. Wird zum Beispiel ein Teller mit dem Stempel der Meissner Porzellanmanufaktur weder von dem Besitzer, noch von dem Zöllner, noch von Erfahrungen anderer Personen als zugehörig zur Kategorie Meissner Porzellan in Frage gestellt, so festigt sich die Relation Meissner-Porzellan-Stempel zu Strafrelevanz über die Zugehörigkeit zur Kategorie Meissner Porzellan. Gleichzeitig sind diese Relationen, da sie über Kommunikation hergestellt wurden, nie endgültig. Man kann nicht davon ausgehen, dass die Ausfuhr von Meissner Porzellan auf alle Zeit unabänderlich unter Strafe gestellt sein wird. Genauso wenig kann ein Stempel der Meissner Porzellanmanufaktur immer und überall ein Garant für Meissner Porzellan sein.

Damit sich ein System aufbauen und entwickeln kann, ist es bemüht sich von der Umwelt zu isolieren. Diese Isolation geschieht über den Aufbau systemimmanenter Elemente und Relationen. Hier entsteht eine erste Unsicherheit, da darauf verzichtet wird, für jede Umweltentsprechung eine Entsprechung im System zu generieren. Diese Unsicherheit wird anhand Komplexität aufgelöst. Komplexität bezeichnet einen Zustand einer relativen Ordnung. Ein komplexes System enthält eine reduzierte und selektierte Anzahl an Relationen. Neue Umwelteinflüsse lassen sich durch die Bildung einer neuen Relation, zu einer vorhandenen Relation in Beziehung setzen. Relationen werden über Kommunikation hergestellt. Kommunikation ist multirelational beschränkt, damit auf wenige Relationen reduziert. Außerdem ist sie sequentiell, damit lässt sich Kommunikation nur retrospektiv beurteilen. Aus der multirelationalen Beschränktheit ergibt sich das Problem der Unsicherheit über das Vorhandensein einer Relation. Wenn nur eine oder wenige Relationen gleichzeitig betrachtet werden können, ist die Feststellung, ob eine Relation vorhanden ist, entsprechend schwierig. Aus dem sequentiellen Charakter der Kommunikation ergibt sich das Problem der Unsicherheit über die Richtigkeit einer Relation. Wenn also eine Relation über Kommunikation gefestigt wird, kann sie nie endgültig richtig sein, da jede Kommunikation über die Relation (und damit auch die Kommunikation „Diese Relation ist sicher") in Frage gestellt werden kann.

Die Unsicherheit, welche durch den Verzicht auf systeminterne Entsprechungen der Umweltzustände entsteht, wird durch Kommunikation gelöst. Diese Kommunikation bringt jedoch noch größere Unsicherheiten hervor. So ist die der stetigen Gefahr ausgesetzt, dass ein Umwelteinfluss nicht nur über eine falsche Relation, sondern auch über eine Relation, die eine vorhandene Relation eventuell unberücksichtigt lässt, in das System integriert wird. Unsicherheiten mit neuen Unsicherheiten zu entgegnen ist der Gefahr einer erheblichen Ineffizienz ausgesetzt (Luhmann 2000, S. 200ff.). Aus diesem Grund benötigt es einen Mechanismus, der auf dieses Problem reagiert.

6.3 Verantwortung als Teil eines Prozesses

Mit Verantwortung bezeichnet Luhmann den „Beitrag einer Entscheidung zur Unsicherheitsabsorption" (Luhmann 2000, S.198). An welcher Stelle jedoch verortet Luhmann diesen Beitrag? Ein Mittel des Mechanismus der Absorption von Unsicherheit ist Macht. Das System stattet Elemente mit der Befugnis aus, neue Relationen zu schaffen und diese Relationen gegenüber anderen Relationen durchzusetzen. Der Zöllner ist zum Beispiel mit der Macht ausgestattet Relationen durchzusetzen, sofern diese die Zuordnung eines Gegenstandes zu einer Kategorie betreffen, die dem Ausfuhrverbot unterliegt. Durch die Macht des Zöllners wird die von ihm gebildete Relation zunächst als gültig eingestuft. Hier wird deutlich, inwiefern das Ausstatten mit Macht zur Reduktion von Unsicherheit beitragen kann. Zum einen kann die Relation und damit die Kommunikation vorerst nicht in Frage gestellt werden. Zum anderen werden so Elemente des Systems (wie zum Beispiel der Zöllner) benannt, bei denen bezüglich einer fehlenden Relation nachgefragt werden kann. Ist man sich zum Beispiel unsicher, ob die eingeführte Menge Wein aus dem Italienurlaub die zulässige Höchstmenge übersteigt (somit eine fehlende Relation vorliegt), so kann man zunächst den zuständigen Mitarbeiter des Zolls fragen und dann auf die Gültigkeit seiner Aussage (der von ihm gebildeten Relation) vertrauen.

Das alleinige Ausstatten mit Macht führt jedoch nicht per se zu einer Reduktion von Unsicherheit. Es ist notwendig, dass diese Macht eingesetzt bzw. relevant wird, um Unsicherheit zu reduzieren. Sofern dies geschieht, liegt Verantwortung vor. Damit lässt sich Verantwortung als der Teil einer Entscheidung beschreiben, der einen Einfluss auf die Reduktion einer vorhandenen Unsicherheit hat (Luhmann 2000, S. 199f.). Somit lassen sich auch die Voraussetzungen für Verantwortung benennen: Eine Person muss mit einer solchen Macht ausgestattet sein, um Entscheidungen zu treffen und durchzusetzen. Es muss eine Entscheidung dieser Person vorliegen. Diese Entscheidung muss ursächlich für die Reduktion einer vorliegenden Unsicherheit sein. Vorläufig betrachtet stellt Verantwortung demnach eine Handlung dar, die Erwartungen generiert, indem sie versucht vorhandene Unsicherheit durch Strukturierung zu absorbieren; oder anders ausgedrückt: Durch die Verantwortung des Gegenübers wird die Kontingenz des eigenen Handelns reduziert, indem strukturelle Vorgaben errichtet werden. Das Verbot, eine heiße Herdplatte anzufassen, stellt zum Beispiel eine strukturelle Einschränkung dar, mit dessen Hilfe die Beliebigkeit des Handelns eines Kindes reduziert werden soll. Damit handelt es sich bei Verantwortung um einen ständig ablaufenden sozialen Prozess. Dieser strukturiert sowohl die Abhängigkeit des Systems von einer mit Macht ausgestatteten Person zur Generierung von Relationen, als auch die Abhängigkeit dieser Person vom System, Bestätigungen für Relationen und Machtbefugnis zu erhalten.

6.4 Die Struktur der Verantwortung

Es soll nun betrachtet werden, wo sich der Prozess der Verantwortung (im Sinne der Unsicherheitsabsorption) strukturell verfestigt wiederfindet; als Frage formuliert: Was haben die Strukturen, die vom Prozess der Verantwortung hervorgebracht werden, gemeinsam (Luhmann 2000, S.207f.)? Luhmann verweist hier auf die strukturelle Unterscheidung von Risiko und Gefahr. Er unterscheidet zunächst zwischen einer Beobachtung erster Ordnung der klassischen soziologischen Ansätze und einer Beobachtung zweiter Ordnung, wie er sie vornimmt. Während die Beobachtung erster Ordnung von einer vom Beobachter unabhängigen Realität ausgeht, nimmt die Beobachtung zweiter Ordnung eine konstruktivistische Perspektive ein (Luhmann 1993, S. 137). In der Beobachtung erster Ordnung geht man davon aus, dass es einen Wert oder einen Zweck gibt und der Erfüllung dieses Zweckes gewisse Einschränkungen im Wege stehen. So besteht das Interesse eines Vaters darin die Gesundheit seines Kindes zu erhalten. Diese Gesundheit ist im Alltag häufig gefährdet. Der Vater kann nun Entscheidungen treffen, die auf die Erhaltung der Gesundheit einen Einfluss haben (Händewaschen vor dem Essen, der Witterung angemessene Kleidung etc.). Diese Entscheidungen können das Risiko, eine Krankheit zu bekommen, reduzieren. Daneben können auch solche Einflüsse bestehen, die unabhängig von

Entscheidungen bestehen. Für diese Einflüsse besteht eine ständige Gefahr.

Ein Beobachter erster Ordnung verortet nun die Frage nach dem, was als Risiko und was als Gefahr erscheint, mit Hilfe von objektive Eigenschaften (zum Beispiel das Zusammenspiel von Umwelteinflüssen betreffend). Wenn man bei Windstille im Wald spazieren geht, ist man der Gefahr ausgesetzt von einem herabstürzenden Ast getroffen zu werden. Verhält man sich mich in gleicher Weise bei einem Sturm, wird der Spaziergang zu einem Risiko. Risiko und Gefahr erscheinen als objektiv gegeben und damit durch äußere Umstände bestimmt (Luhmann 1993, 138f.). Ein Beobachter zweiter Ordnung durchschaut die objektiven Kriterien als Konstruktionen (Luhmann 1993, S. 193). Windstärken und Unwetterwarnungen sind weniger objektive Messinstrumente als vielmehr soziale Artefakte, die den Übergang von Gefahr in Risiko manifestieren. Wird jemand bei Windstille von einem herabstürzenden Ast erschlagen, spricht man von der „Gefahr des Alltags", der man sich nicht entziehen kann. Entscheidet sich jemand hingegen während eines Jahrhundertsturms im Wald spazieren zu gehen, so hat er eine höchst riskante (und womöglich verantwortungslose) Entscheidung getroffen. Dabei ist die Entscheidung im Wald spazieren zu gehen immer riskant, manchmal eben etwas mehr und manchmal etwas weniger. Trotzdem erscheint die Aussage „Er hat das Risiko auf sich genommen, bei schönem Wetter im Wald spazieren zu gehen" befremdlich.

Warum existiert diese Unterscheidung zwischen Risiko und Gefahr? Luhmann sieht diese Unterscheidung in der Unvereinbarkeit von Sozial- und Zeitdimension begründet. Die Sozialdimension bezeichnet eine Differenz zwischen Alter und Ego. Dies kann Lebensalter, Einstellung, Status, Normverfolgung etc. betreffen. Die Zeitdimension bezeichnet hingegen die Differenz von Vergangenheit und Zukunft. Luhmann geht nun davon aus, dass sich Zeit und Sozialdimension gegenseitig einschränken. Ein starker Konsens in der Sozialdimension kann nur zeitlich fixiert vorliegen, genau wie ein zeitlich unabhängiges Gebilde eher dem Charakter einer Sozial*differenz* entspricht (Luhmann 1993, S. 142). Eine Unwetterwarnung beinhaltet zum Beispiel den Versuch einen sozialen Konsens zu schaffen, nämlich unter anderem darüber, dass es nicht angebracht ist, bei Unwetter im Wald spazieren zu gehen. Gleichzeitig ist eine solche Warnung zeitlich stark beschränkt. Anfang und Ende sind fest bestimmbar. Die Gefahr des CO2-Ausstoßes hingegen für die Umwelt wird zurzeit überall thematisiert. Trotzdem bedarf es fester Grenzwerte und Zeiträume, die die Reduktion des CO2-Ausstoßes an Verträge binden. So wird es möglich diese Gefahren in Entscheidungen zu wandeln. Die Gefahr des CO2-Austoßes wird somit in das Risiko, den ein Vertragsbruch mit sich bringt, transformiert.

Die Unterscheidung von Risiko und Gefahr geschieht durch einen Attributionsvorgang. Hier wird darüber entschieden, ob ein Ereignis unter den Fall der Selbstzurechnung (Risiko) oder der Fremdzurechnung (Gefahr) fällt. Im Falle der Selbstzurechnung (des Risikos) geht man davon aus, dass die Entscheidungen des Einzelnen einen Einfluss auf den Eintritt des Ereignisses haben. In diesem Fall ist ein Konsens nötig, der regelt, wie Entscheidungen hinsichtlich der Begünstigung des Eintritts des Ereignisses bewertet werden. Im Falle der Fremdzurechnung (der Gefahr) herrscht dieser Konsens nicht. Eine Gefahr ist nicht den eigenen Entscheidungen zuzurechnen. Sie besteht unabhängig hiervon.

6.5 Das Zusammenspiel von Struktur und Prozess

Wie verhält es sich nun mit der Anwendung des Verantwortungsbegriffs? Luhmann führt hinsichtlich der Unterscheidung von Risiko und Gefahr das Beispiel an, dass „nur für Raucher […] Krebs ein Risiko [ist], für andere ist er nach wie vor eine Gefahr“ (Luhmann 1993, S. 149). Wie lässt sich der Prozess des Verantwortens mit der strukturellen Unterscheidung von Risiko und Gefahr im Sinne Luhmanns an diesem Beispiel weiterentwickeln?

Die Relation „Rauchen“ zu „Erhöhung des Krebsrisikos“ stellt eine relativ gesicherte Relation dar, genauso wie die Relation „Nicht-Rauchen“ zu „Verringerung des Krebsrisikos“. Für eine Person muss nun eine Relation zwischen dieser Person und der Kategorie „Raucher“ oder „Nichtraucher“ gebildet werden. Diese stellt der Einzelne, sofern er nicht zum Rauchen gezwungen wurde, selbst her[25]. Durch die Entscheidung, die Relation „Individuum“ zu „Raucher“ zu bilden, werden automatisch andere Relationen ausgeschlossen. Dies gilt zum Beispiel für die Relation „Individuum“ zu „Nicht-Raucher“. Damit reduziert der Einzelne verschiedene Unsicherheiten. Dies gilt zum Beispiel – ganz banal – für die Unsicherheit, ob er Raucher ist oder nicht, wie aber auch für die Unsicherheit darüber, ob er ein erhöhtes Krebsrisiko hat oder nicht[26]. Es gibt einen Teil seiner Entscheidung Raucher zu sein, der die

---

25 Wir vernachlässigen hier die Frage, ob es immer auf einer freien Entscheidung beruht, dass jemand raucht oder nicht. Die Entscheidung zu Rauchen hat tatsächlich gerade bei Jugendlichen häufig eine Ursache, die mit Gruppendynamiken oder Sozialisationsbedingungen im Zusammenhang steht (Richter 2008, S. 387).

26 Aus Luhmanns Ausführungen wird nicht eindeutig klar, ob die Reduktion der Unsicherheit durch Verantwortung auch mit der Reduktion eines Risikos oder nur mit der Reduktion von Relationen gleichzusetzen ist. Muss es demnach an dieser Stelle heißen: „Er reduziert die Unsicherheit nicht an Krebs zu erkran-

Relationen „Individuum" zu „Nichtraucher" und damit auch „Nichtraucher" zu „geringes Krebsrisiko" ausgeschlossen hat. Dieser Teil ist nun nach Luhmann der Verantwortungsanteil seiner Entscheidung. Der Einzelne hat damit die Verantwortung dafür, dass er keinen Zugriff mehr auf die Relation „Nichtraucher" oder „geringes Krebsrisiko" hat. Für die Gefahr, unabhängig von den sogenannten Risikofaktoren an Krebs zu erkranken, liegen hingegen keine Relationen vor, die Entscheidungen zuzuordnen sind. Demnach verliert Verantwortung, dort wo die Entscheidungen das Risiko zu erkranken nicht beeinflussen, an Relevanz. Verantwortung kann nur dort stattfinden, wo weitgehend Konsens darüber herrscht, dass Entscheidungen (und damit die Bildung einer neuen Relation) einen Einfluss auf weitere Relationen ausüben und sich somit mit diesen in Verbindung setzten lassen (Luhmann 1993, S. 149).

Diese Betrachtungsweise wird komplexer (und löst sich vom Alltagsverständnis von Verantwortung ab), sobald man verschiedene Entscheider mit einbezieht. Genau genommen hat nämlich der Einzelne lediglich die Verantwortung dafür inne, dass er Raucher ist. Die Verantwortung für die Relation „Raucher" und „Erhöhtes Krebsrisiko" tragen die Mediziner, die diese Verbindung in zahlreichen Studien gebildet und bestätigt haben. Dieser Sachverhalt führt wieder auf die Unterscheidung zwischen Beobachtung erster und zweiter Ordnung zurück. Der Beobachter erster Ordnung geht davon aus, dass das Krebsrisiko quasi im Rauchen zu verorten ist. Dass Rauchen das Krebsrisiko fördert, ist eine „Wirklichkeit", die im Laufe der Zeit von Medizinern aufgedeckt wurde. Der Beobachter zweiter Ordnung hingegen durchschaut diese Wirklichkeit als Konstruktion. Diese Konstruktion erscheint als alternativlos, da ihre Relationen häufig wiederholt und selten hinterfragt wurden. Trotz allem

---

ken, da sich das Risiko an Krebs zu erkranken durch das Rauchen erhöht" oder „Er reduziert die Unsicherheit darüber, ob er zu einer Risikogruppe gehört, da die Relation ‚Nicht-Raucher' zu ‚keine Risikogruppe' für ihn wegfällt". Dies betrifft die Frage, ob durch die Beseitigung von Unsicherheit eine Relation ganz wegfallen muss, oder ob es auch ausreicht, dass diese fraglich wird. Ich gehe hier aus zwei Gründen davon aus, dass die Relation ganz wegfallen muss. Zum einen spricht Luhmann von einer Reduktion von Entscheidungsmöglichkeiten. Um eine Entscheidungsmöglichkeit zu reduzieren, müssen zwangsläufig Alternativen ganz wegfallen. Würden diese Alternativen lediglich unwahrscheinlicher, dann müsste man von so etwas wie einer Reduktion der Auswahlwahrscheinlichkeit sprechen. Der entscheidendere Punkt ist jedoch, dass der Wegfall einer Relation die Fraglichkeit einer Relation unmöglich macht. Somit entgeht man der Gefahr, indem man den Wegfall einer Relation als Voraussetzung für Verantwortung annimmt, etwas als Verantwortung zu behandeln, was nach Luhmanns Vorstellung nicht in diese Kategorie fällt (vgl. Luhmann 1993, S. 149ff.).

sind sie nie absolut sicher. Letztlich tragen die Mediziner die Verantwortung für die Relation „Raucher" und „Erhöhtes Krebsrisiko". Dieser Aspekt, der für das Verständnis von Luhmanns Verantwortungskonzept grundlegend ist, lässt sich gut an einem Schema verdeutlichen; insbesondere mit einem Fokus auf die Zeit- und Sozialdimension:

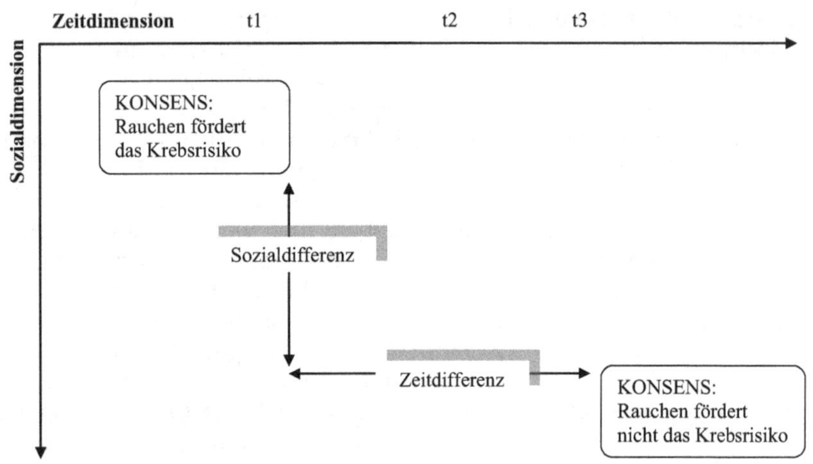

Abb. 2: Das Zusammenwirken von Sozial- und Zeitdimension nach Niklas Luhmann

Geht man von einem Mediziner und einem Patienten aus: Zum Zeitpunkt t1 besteht ein Konsens darüber, dass Rauchen das Krebsrisiko erhöht. Zum Zeitpunkt t3 besteht ein Konsens darüber, dass Rauchen keinen Einfluss auf das Krebsrisiko hat. Dieser Konsens wird jeweils dadurch erreicht, dass der Mediziner den Zugriff auf die Relationen „Rauchen" zu „Verringerung des Krebsrisikos" und „Rauchen" zu „Keinen Einfluss auf das Krebsrisiko" verhindert. Angenommen der Patient erkranke zum Zeitpunkt t2 an Krebs. Aus einem Alltagsverständnis von Verantwortung heraus würde man nun bis zum Zeitpunkt t3 davon ausgehen, er habe aufgrund seines Tabakkonsums die Verantwortung für die Erkrankung. Zum Zeitpunkt t3 würde sich diese Verantwortung jedoch in eine nicht zu bestimmende Gefahr wandeln. Vom Zeitpunkt t3 an verschwindet die Relation „Rauchen" und „erhöhtes Krebsrisiko". Eine Krebserkrankung kann dann nicht mehr der Entscheidung zu rauchen zugerechnet werden[27].

---

27 An dieser Stelle wird auch noch einmal der gegenseitige Bezug von Sozial- und Zeitdimension deutlich. Die soziale Differenz wird erst deutlich, wenn

Nach Luhmanns (kontraintuitiver) Betrachtungsweise wandelt sich die Verantwortung nicht. Über den gesamten Zeitraum trägt der Patient die Verantwortung dafür, dass er Raucher ist, der Mediziner trägt die Verantwortung dafür, dass er Rauchen als Ursache einer möglichen Krebserkrankung identifiziert. Damit hat nicht nur der Raucher seine Erkrankung zu verantworten, sondern auch der Mediziner. Aus einer solchen konstruktivistischen Perspektive wird Verantwortung ad absurdum geführt, da der Beobachter zweiter Ordnung jede Verantwortung in Frage stellen kann. Sofern jede Relation, da nur mittels Kommunikation zu erfahren, nie absolut sein kann, kann auch jede Verantwortung in Frage gestellt werden. Der Raucher ist damit dafür verantwortlich, dass er „Raucher" ist, da er mit der Entscheidung „Raucher" zu sein automatisch die Kategorie „Nichtraucher" ausschließt; und Mediziner, die das Bild von Rauchen als Krebsrisiko vertreten, sind dafür verantwortlich, dass es dieses Bild gibt, weil sie hierdurch die Relation „Rauchen erhöht nicht das Krebsrisiko" ausschließen.

Es ist hier von besonderer Bedeutung, dass es Luhmann allerdings *nicht* darum geht, die eigentliche Verantwortung von ihrem alltäglichen Gebrauch abzugrenzen. Ihn interessiert vielmehr das Zusammenspiel von Risiko, Gefahr und Verantwortung. Wie wirken diese drei Elemente so erfolgreich zusammen, dass sie so bedeutsam sind?[28] Luhmanns Erklärung besteht hier aus mehreren einzelnen Elementen:

1.) Verantwortung tritt in Zusammenhang mit einem Prozess hervor. Sie ist Teil eines Entscheidungsprozesses und bestimmt denjenigen Anteil an einer Entscheidung, der vorhandene Unsicherheiten reduziert. Diese Reduktion der Unsicherheit geschieht, indem neue Relationen (oder Elemente) gebildet werden, die vorhandene Relationen (oder Elemente) ausschließen.

2.) Risiko bezeichnet eine Struktur, welche festlegt, dass (in der Regel unerwünschte) Zustände aus Entscheidungen resultieren. Sie strukturiert zwei Elemente so, dass das eine aus dem anderen hervorgegangen ist (zu sein scheint).

---

man den Zeitbezug erweitert: Zum Zeitpunkt t1 und t3 besteht ein Konsens bezüglich des Einflusses von Rauchen auf das Risiko an Krebs zu erkranken. Im Vergleich der Zeitpunkte t1 und t3 hingegen besteht eine Differenz.

[28] Luhmann erwägt sogar die Unterscheidung Risiko und Gefahr, neben dem Modell der Knappheit und dem Modell der Normen, als allgemeines Sozialmodell einzuführen (Luhmann 1993, S. 155).

3.) Gefahr bezeichnet eine Struktur, welche festlegt, dass (in der Regel unerwünschte) Zustände eine Ursache haben, die sich durch eigene Entscheidungen nicht beeinflussen lässt. Sie ordnet verschiedene Elemente, indem sie angibt, welche Verbindungen zwischen diesen Elementen ausgeschlossen sind.[29]

Da Verantwortung Teil eines Entscheidungsprozesses ist, wird sie zunächst nur in solchen Situationen relevant, in denen die Situation unter der Betrachtungsweise Risiko strukturiert ist. Sofern aber für alle Beteiligten eine Situation als Risiko erscheint und damit von ihren eigenen Entscheidungen abhängig ist, ist Verantwortung nur im Rückbezug auf die eigene Person sinnvoll (Luhmann 1993, S. 153ff.).

Anders verhält es sich jedoch, wenn „das Risikoverhalten des einen zu der Gefahr des anderen wird" (Luhmann 1993, S. 152). Diese Attribution lässt sich gut an der Unterscheidung Erwachsener und Kind deutlich machen. Ein Kleinkind alleine über eine Straße gehen zu lassen wird man als verantwortungslos beurteilen. Lässt man einen Erwachsenen alleine eine solche Straße überqueren, so wird man in diesem Zusammenhang nicht von Vernachlässigung der Verantwortung sprechen. Die gleiche Situation (ein Mensch überquert eine Straße) gleicht für den Erwachsenen einem Risiko, für das Kind einer Gefahr. Diese Differenz der Perspektive von Risiko und Gefahr ist umfangreich institutionalisiert und findet sich zum Beispiel in der Form des Haftungsausschluss für Kinder im Straßenverkehr, aber auch in der Verkehrserziehung im Kindergarten wieder (vgl. Nießen 2005, S. 5ff.). Diese Perspektivenverschiebung lässt sich in beide Richtungen vornehmen: Es obliegt der Verantwortung des Herstellers für seine Waren eine ausreichende Qualitätskontrolle vorzunehmen, um das Risiko defekter Produkte zu reduzieren. Wählt der Käufer aus dem Regal das fertige Produkt, so läuft er Gefahr, ein defektes Gerät zu kaufen. In diesem Fall wird das Risiko des Herstel-

29 Nach einer strengen systemtheoretischen Definition von Struktur als Verbindung von Elementen in einem sozialen System könnte man hier einwenden, Gefahr sei nicht unter strukturellen Aspekten zu betrachten, da sie Elemente voneinander trennt. Luhmann selbst geht auf diesen Aspekt nicht ein. Es lässt sich jedoch leicht aufzeigen, dass sich Gefahr als Struktur betrachten lässt. Wird für verschiedene Elemente angegeben, dass sich zwischen Ihnen keine Verbindung herstellen lässt, so bedeutet dies, dass sich für alle anderen Elemente eine potentielle Verbindung herstellen lässt (vgl. Treibel 2006, S. 34ff.). Gibt man zum Beispiel für eine Gruppe von Personen an bei welchen Personen keine verwandtschaftliche Verbindung besteht, so bedeutet dies, dass alle anderen Personen miteinander verwandt sein können. Die Frage wie die Personen miteinander verwandt sind lässt sich vorstrukturieren über die Frage, ob die Personen miteinander verwandt sind.

lers zur Gefahr des Käufers (Luhmann 1993, S. 156). Ein Politiker hingehen, dessen Leben durch drohende Terroranschläge gefährdet ist, kann diese Gefahr in ein Risiko transformieren, indem er einen Leibwächter beschäftigt. Die Gefahr für das Leben des Politikers wird zum Berufsrisiko des Leibwächters. Bemerkenswert ist hierbei, dass es verantwortungslos ist, wenn sich der Politiker einer unsicheren Situation stellt. Handelt der Leibwächter in gleicher Weise, ist es verantwortungsvoll. Filmisch wird dieses Motiv hin und wieder aufgegriffen. Während der Politiker sich verantwortungsvoll in Deckung begibt, wirft sich der Leibwächter gleichermaßen verantwortungsvoll in die Schussbahn des Terroristen. Die Ergebnisse lassen sich hinsichtlich der Fragestellung Luhmanns nach Reiz und Funktion von Verantwortung zusammenfassen und einem Beispiel zuordnen:

Luhmanns Verantwortungskonzeption:	***Entsprechendes Beispiel:***
Damit sich ein System abschließen und weiterentwickeln kann, ist es auf Komplexität angewiesen. Komplexität beinhaltet, dass nicht jede Relation von vorneherein festgelegt ist, sondern bei Bedarf neu gebildet wird.	*Um eine eigene Rangfolge der Qualifikationen zu generieren, ist das System der Universität (der Wissenschaft) darauf angewiesen, eigene Bewertungsgrundlagen zu schaffen. Die Abschlussnote eines Studenten ist nicht bei Eintritt in die Universität festgelegt, sondern wird als neue Relation im Laufe der Zeit gebildet.*
Macht regelt die Befugnis zur Bildung neuer Relationen.	*Macht regelt die Befugnis, zum Beispiel eines Hochschulmitarbeiters, eine Note für die Abschlussarbeit eines Studenten vorzuschlagen.*
Die Beschränkung der Kommunikation hat zur Folge, dass nicht alle Informationen, die zur Bildung einer Relation geführt haben, auch für die von der Relation Betroffenen vorhanden sind. Dies generiert bei dem Betroffenen eine Unsicherheit über das Vorhandensein und die Gültigkeit von Relationen.	*Dem Studenten sind nicht alle Informationen zur Bildung der Note bekannt. Aus diesem Grund herrscht eine Unsicherheit darüber, welche Kriterien für die Bildung der Note angewendet werden oder wie diese ausfallen wird.*

Der Teil einer Entscheidung, der zur Reduktion von Unsicherheit führt, wird als Verantwortung bezeichnet.

Der Student kann sich darauf verlassen, dass die Verantwortung des Hochschulmitarbeiters sicherstellt, dass dieser gewisse Bewertungsgrundlagen zur Ermittlung der Note berücksichtigt. Dies reduziert die Unsicherheit über die Kriterien zur Bewertung der Arbeit.

Relationen, welche eine Person betreffen, lassen sich strukturieren hinsichtlich ihrer Möglichkeit der Einflussnahme. Ist die Einflussnahme möglich, handelt es sich um ein Risiko; ist die Einflussnahme nicht möglich, handelt es sich um eine Gefahr.

Der Student hat einen Einfluss darauf hat, welche Sorgfalt und Mühe er für die Anfertigung seiner Abschlussarbeit aufbringt. Er hat jedoch keine Einflussnahme auf die Notengebung selbst und damit auf die Frage, wie diese Sorgfalt und Mühe gewertet wird.

Mit Perspektivenverschiebung ist der Zustand gemeint, in dem das Risiko der einen Person, in Gefahr für eine andere Person transformiert wird. Das heißt eine Entscheidung betrifft eine Person, ohne dass diese eine direkte Einflussnahme auf den Ausgang der Entscheidung hat.

Das Vergeben einer schlechten Note ist die Entscheidung des Hochschulmitarbeiters. Für diesen fällt diese Relation in die Kategorie des Risikos. Für den Studenten hingegen, der keinen Einfluss auf die Notenvergabe hat, erscheint diese Relation als Gefahr.

Verantwortung als Teil einer Entscheidung dient nun dazu die Handlungsfähigkeit unabhängig von der Möglichkeit einer Einflussnahme und der damit verbundenen Gefahr zu erhalten.

Der Student wird sich eher die Mühe einer sorgfältig angefertigten Abschlussarbeit machen, wenn der Verantwortungsteil der Entscheidung über die Note die mit Unsicherheit verbundene Vorstellung reduziert, dass die Note alleine auf einer willkürlichen Bewertung beruht.

Die besondere Funktion von Verantwortung ist demnach die Sicherstellung von Handlungsfähigkeit in Situationen der Gefahr. Sie ist ein notwendiger Kompensationsmechanismus, der in einer Welt, die die Zukunft immer mehr von eigenen Entscheidungen abhängig denkt, Konsens sicherstellt (Luhmann 2000, S. 158f.). Der Student wird nur dann

Mühe und Sorgfalt in eine Arbeit legen, wenn der Verantwortungsteil der Benotung die Unsicherheit darüber reduziert, dass seine Handlungsweise sich als sinnvoll erweist. Der Politiker beschäftigt nur dann einen Leibwächter, wenn der Verantwortungsteil der Entscheidungen des Leibwächters die Gefahr für das Leben des Politikers reduziert. Der Raucher hört nur dann mit dem Rauchen auf, wenn der Verantwortungsteil der Entscheidung des Mediziners sicherstellt, dass Rauchen wirklich das Krebsrisiko erhöht. Der Kunde kauft ein Produkt unter der Bedingung, dass die Verantwortung des Herstellers die Möglichkeit reduziert, ein defektes Produkt zu erwerben. Und schließlich wird man nur dann einen Zöllner nach der Einfuhrerlaubnis von Alkohol fragen, wenn man sich darauf verlassen kann, dass der Verantwortungsteil der Entscheidung die Unsicherheit reduziert, dass man bei der Ausfuhr eine Strafe zu zahlen habe.

Unter Kenntnis der bisherigen Ausführungen lässt sich die Funktion von Verantwortung nun durch die Reduktion der durch Neubildung von Relationen für andere entstehenden Gefahren beschreiben.[30] Damit ist sie der Garant für die Stabilität eines sich isolierenden Systems (Luhmann 2000, S. 174f.).

Nun bleibt noch die Frage zu klären, warum Verantwortung im Alltag als selbstreferentielles Gebilde erscheint. Diese Frage ist vor dem beschriebenen Hintergrund leicht zu beantworten. Wenn jede Relation in Frage gestellt werden kann, so kann auch die Relation in Frage gestellt werden, die Verantwortung legitimiert[31]. Damit wäre der Mechanismus zur Reduktion von Unsicherheit selbst unsicher. Deshalb geht man stillschweigend davon aus, dass Schäden schädlich sind und Verantwortungslosigkeit verantwortungslos (Luhmann 1993, S.133). Denn wenn einem bewusst wäre, dass Verantwortung nur wiederum über Kommunikation legitimiert wird und nicht aus sich selbst heraus, würde einem auch bewusst, dass man die Probleme, die Kommunikation schafft, mit einem Mittel bekämpft, das genauso den Problemen der Kommunikation unterworfen ist. Man geht also davon aus, dass die Selbstreferenz der Verantwortung ein Mittel darstellt, die faire Benotung durch den Hochschulmitarbeiter sicherzustellen. Er handelt verantwortungsvoll, weil Verantwortung „gut" ist oder positiv sanktioniert wird. Tatsächlich wird aber nicht Verantwortung sanktioniert, sondern die Entscheidung des

30 Luhmann führt hier einen historischen Nachweis der Notwendigkeit der Funktion von Verantwortung. Mit der Entzauberung der Welt verschwimme zunehmend die Unterscheidung zwischen Risiko und Gefahr (Luhmann 2000, S. 174ff.).

31 Gemeint ist hier nicht die Frage, ob Verantwortung vorliegt oder nicht, sondern ob es sich bei der Verantwortung um etwas „gutes", „notwendiges" und „unverzichtbares" handelt.

Hochschulmitarbeiters. Man entscheidet und versucht diese Entscheidung mehr oder minder rational in die vorhandenen Relationen einzuordnen. Man vergibt eine Note nicht deshalb, weil vorhandene Relationen die Notengebung regeln, sondern man vergibt eine Note und versucht diese in das vorhandene Netz der Relationen zu integrieren, und zwar über Kommunikation, das heißt, über ein höchst unsicheres Mittel. Erst im Nachhinein zeigt sich, ob die gebildete Relation vom System akzeptiert wird.

6.6 Kritische Würdigung

Mit seinem Verantwortungskonzept liefert Niklas Luhmann mit Sicherheit einen entscheidenden Beitrag zur Lösungsmöglichkeit des Problems, Verantwortung als soziologischen Begriff zu etablieren und zu strukturieren. Allem voran löst Luhmann die grundlegende Frage: Warum gibt es überhaupt so etwas wie Verantwortung? Darüber hinaus scheint das Konzept von Luhmann viele der Spannungsfelder im Verantwortungsdiskurs zumindest zum Teil auflösen. Er thematisiert Kontinuität und Diskontinuität anhand der Sozial- und Zeitdimension. Verantwortung ist kontinuierlich in der Zeitdimension. Dies gelingt jedoch nur über eine soziale Differenz, also Diskontinuität in der Sozialdimension. Er erläutert, warum Verantwortung ein Prinzip (Reduktion von Unsicherheit) und gleichzeitig ein Problem (die unsichere Legitimität der Verantwortung) ist. Luhmann thematisiert Verantwortung sowohl in ihrer Verwendung, als auch in ihrer begrifflichen Verfasstheit und geht auf die Bedeutung der Verwendung für ihre Funktion ein.

Der besondere Reiz einer solchen Verantwortungskonzeption liegt mit Sicherheit darin, dass sie das Vorhandensein von Verantwortung vom Inhalt einer verantwortungsvollen Entscheidung unabhängig macht. Dies liegt mitunter daran, dass Luhmann von der Antizipation von Handlungsfolgen und von den Motiven abstrahiert. Es geht nicht darum, *wie oder aufgrund von was* entschieden wird, sondern nur darum, *dass* mit der Prämisse der Unsicherheitsreduktion entschieden wird. Wie Luhmann selbst bemerkt, distanziert sich eine solche Konzeption von jeglicher ethischen Auseinandersetzung mit dem Thema Verantwortung (Luhmann 2000, S. 31). Dies hat den Vorteil, dass es gelingen kann, Verantwortung als abhängige Variable zu konzipieren. Auch eine Auseinandersetzung mit dem Thema, die nicht von ethischen Kategorien abstrahiert, kann das Vorhandensein von Verantwortung als abhängige Variable (zum Beispiel von einer ethischen Grundeinstellung) betrachten. Es wird jedoch schwerlich gelingen können, nicht nur die Aktualisierung von Verantwortung im Alltagsleben, sondern auch die konstitutiven Bedingungen anzugeben[32].

Warum hat das Verantwortungskonzept von Luhmann nicht mehr Beachtung gefunden? Schließlich ist es doch in der Lage, in so umfangreichem Maße auf die Spannungsfelder des Verantwortungsdiskurses einzuwirken: Es wurde zu Beginn dieser Arbeit aufgezeigt, dass ein häufiges Problem von Beiträgen zum Thema Verantwortung die Festlegung der Herangehensweise ist. Die Mittel der Analyse orientieren sich weniger am Gegenstand, sondern vielmehr an einer im Vorhinein präferierten Theorie (vgl. Kapitel 4). Diese Einschränkung kann auch Luhmann nicht überwinden. Er steigert dieses Problem sogar dadurch, dass er an keine vorhandenen Überlegungen zum Thema Verantwortung anknüpft und vielmehr behauptet, dass alle bisherigen Ausführungen, da aus der Perspektive des ersten Beobachters heraus angestellt, vorhandene Konstruktionen nicht durchschauen. Luhmann setzt dagegen eine systemtheoretische Neukonzeption von Verantwortung. Damit ordnet er streng genommen nicht den vorhandenen Verantwortungsdiskurs und löst dessen Spannungsfelder auf, sondern setzt eine komplett neue Theorie der Verantwortung dagegen, die diese Spannungsfelder nicht aufweist. Dies erklärt womöglich die geringe Akzeptanz seines Konzeptes.

Viele Kritiker der Luhmannschen Verantwortungskonzeption wenden auch ein, dass Luhmann nicht darauf eingehe, dass Entscheidungen fraglich sein können oder abgelehnt werden. Stattdessen umgehe er dieses Problem mit der Einbeziehung von Macht in sein Verantwortungskonzept. Nach Luhmanns Konzept, so der Vorwurf, sei es möglich eigene Interessen unter dem Deckmantel der Verantwortung durchzusetzen. Damit liefere er vielmehr eine Ideologisierung von Macht (vgl. Preisendörfer 1985, S. 59). Zum besseren Verständnis dieser Kritik wird an dieser Stelle noch einmal das Beispiel des Zöllners und der alten Dame mit dem Meissner Porzellan betrachtet (vgl. Kapitel 7.2):

1.) Der Zöllner stellt die Relation zwischen dem konkreten Meissner Porzellan und der Kategorie Ausfuhrverbot von Meissner Porzellan her.

---

32 Dies wird zum Beispiel an den Ausführungen von Sigfried Reck genauso wie im Bezug auf Max Webers Verantwortungsethik deutlich. Die Frage, ob im Falle Recks Identitäten reflektiert werden oder im Falle Webers Motive und Handlungsfolgen abgeglichen werden, bleibt dem guten Willen oder der Vernunft des Einzelnen überlassen. In letzter Konsequenz lässt sich Verantwortung so konzipiert - zumindest aus einer soziologischen Perspektive heraus - nur als unabhängige Variable betrachten, da der Soziologie der guten Wille oder die Vernunft nicht als abhängige Entität zugänglich sind.

2.) Der Zöllner stellt die Relation zwischen dem konkreten Meissner Porzellan und der Kategorie billige Keramik ohne Ausfuhrverbot her.

Nach Luhmann wird in beiden Situationen Verantwortung relevant. In jedem Fall wird eine vorhandene Unsicherheit – nämlich die über die Ausfuhrerlaubnis des konkreten Gegenstandes – aufgrund einer Entscheidung reduziert. Im ersten Fall ist die Absorption von Unsicherheit jedoch stärker. Im zweiten Fall kann die falsch gebildete Relation nämlich beim nächsten Überfahren der Grenze von einem anderen Zöllner in Frage gestellt werden. Eine Kritik an Luhmanns Konzeption würde nun die Abstraktion von den Motiven der Entscheidung in Frage stellen. Für eine solche Kritik wäre zum Beispiel im zweiten Fall die Frage von entscheidender Bedeutung, warum der Zöllner die Dame passieren ließ und an welchen Normen und Werten er seine Entscheidung hierbei orientiert oder welche Normen und Werte er eben missachtet hat. Handelte er so, weil er der Dame ihr letztes Hab und Gut nicht abnehmen wollte, oder missachtete er seine Pflichten als Zöllner aus Bequemlichkeit? Luhmann – so der Vorwurf – nimmt eine radikale Adaption eines wert- und normüberbeladenen Begriffs, nämlich den der Verantwortung, in seine systemtheoretischen Überlegungen vor (vgl. Preisendörfer 1985, S. 59ff.).

Diese Kritik an Luhmann mag zunächst nachvollziehbar sein. Die entscheidende Frage ist jedoch, ob sie sich einer systemtheoretischen Perspektive zuführen lässt. Die Kritiker Luhmanns führen an, dass sein Konzept, welches eben die Betrachtung von Personen als ganzheitliches Element eines Systems ablehnt, die Person als Ganzes nicht beachtet. Die Kritik richtet sich dagegen, dass Luhmanns Begriffe für Anwendung auf klassische Verantwortungsphänomene nicht geeignet sind. Diese beabsichtigt Luhmann mit seiner Konzeption jedoch gar nicht zu erklären. Um eine Theorie mithilfe einer oder mehrerer anderer Theorien zu kritisieren, ist zunächst der Nachweis zu führen, dass diese Kritik sich mithilfe der Begriffe der zu kritisierende Theorie annähernd darstellen lässt[33]. Es erscheint m. E. notwendig zu betrachten, an welcher Stelle diese Kritik (die nach Luhmann ja aus einer alltagsweltlichen Perspektive geführt wird) ansetzt. Denn in diesem Fall lässt sich betrachten, an welchen Stellen die Beobachtung erster Ordnung von der Beobachtung zweiter Ordnung differiert, und man kann diese Kritik innerhalb der Theorie von Luhmann bearbeiten. Luhmanns Theorie lediglich unter

---

33 Dies würde nicht gelten, wären sich Kritiker und Kritisierter darüber einig, welche Phänomene sie betrachten. Herrscht jedoch Uneinigkeit sowohl über Begriffe als auch zu Grunde liegende Phänomene, so entbehrt dieser Kritik jegliche Substanz.

Ideologieverdacht zu stellen weckt ebenso den Verdacht, den eigenen Blick auf Verantwortungsphänomene retten zu wollen.

Risiko bezeichnet nach Luhmann die Strukturierung einer Situation dergestalt, dass eine Einflussnahme durch Entscheidungen möglich ist. Gefahr bezeichnet im Gegensatz hierzu eine Strukturierung einer Situation, die die Einflussnahme ausschließt. Verantwortung ist der Entscheidungsteil, der Unsicherheit reduziert. Jemand verantwortet nun seine Entscheidung, die für jemand anderen eine Situation generiert, die dieser andere nicht durch Entscheidungen beeinflussen kann, die aber gleichzeitig Unsicherheit absorbiert. Luhmann konzipiert Risiko und Gefahr als Gegensatzpaare (vgl. Luhmann 1990, S. 9ff.). Es erweist sich an dieser Stelle als nützlich, Luhmanns Konzept auf das analytische Schema zur Strukturierung von Verantwortungsphänomenen zu übertragen: „Verantwortung tragen *Personen gegenüber* einem Adressaten *für* das eigene Handeln *vor* einer Instanz *in Bezug* auf bestimmte Kriterien *im Rahmen* eines Handlungsbereiches" (Weyers 2006, S. 219).

Auch für Luhmann gilt hier: *Personen* tragen Verantwortung *für* Entscheidungen *in Bezug* auf den Anteil der Reduktion von Unsicherheit *gegenüber* einer anderen Person *im Rahmen* ihrer Machtbefugnis. Entscheidend ist jedoch, dass man nicht vor jemandem oder etwas Verantwortung innehat, da Verantwortung eine Systemoperation und damit eine Reaktion darstellt. Das Problem verweist hier auf die Frage nach der Gestaltung von Systemgrenzen. Luhmann lehnt deshalb die Vorstellung ab, dass Verantwortung so etwas wie eine Tugend oder eine Leistung sei (Luhmann 1993, S. 175). Wäre Verantwortung so etwas wie eine Tugend, so gäbe es viele Verantwortungen, deren spezifischer Sinn sich nicht vergleichen ließe. Verantwortungslosigkeit ist demnach kein Fehler (wenn man es so nennen mag) des Einzelnen, sondern ein Fehler des Systems, das nicht in der Lage ist diesen spezifischen Sinn zu transformieren. Die Handlung des Zöllners, der alten Dame ihr Meisner Porzellan zu lassen, stellt eine Verantwortung dar, die in verschiedenen Systemen mit unterschiedlichem Sinn belegt wird. Interessen des einen Systems in einem anderen System durchzusetzen würde bedeuten, dass es die Möglichkeit des einen Systems gäbe, im anderen System Operationen vorzunehmen.

Man kann die Frage, ob Verantwortung in Beobachtung erster Ordnung in verschiedenen Systemen mit unterschiedlichem Sinn verbunden ist, aufgrund ihrer Komplexität an dieser Stelle nicht auf der Theorieebene beantworten (und in eine Beobachtung zweiter Ordnung überführen). Hierzu wäre eine Adaption der Frage nach der Beschaffenheit von Systemgrenzen nötig, welche den Rahmen dieser Arbeit bei weitem sprengen würde (vgl. Teubner 1999, S. 50ff.). Entscheidender als Luhmann unter Ideologieverdacht zu stellen ist jedoch die Feststellung, dass er der Verantwortung eine *einseitige* Funktion der Reduktion von Unsicherheit zuschreibt. Sie stellt, so gesehen, lediglich eine Reaktion auf Konflikte durch neu gebildete Relationen dar. Hierin liegt mit Sicherheit eine Schwäche des Verantwortungsbegriffes von Niklas Luhmann. Viel lohnenswerter als die Frage zu bearbeiten, ob Luhmann eine Ideologisierung von Macht liefert, ist die Bearbeitung der Frage, ob Verantwortungsphänomene Effekte hervorbringen, die nicht die Reduktion von Unsicherheit zur Folge haben. So besteht doch die Möglichkeit, dass durch den Verantwortungsteil einer Entscheidung nicht nur Unsicherheit reduziert sondern auch an anderer Stelle in gleichem Zuge Unsicherheit erhöht wird. Die Frage nach dem Missbrauch von Machtbefugnis zur Durchsetzung eigener Interessen lässt sich dann darstellen als die Frage nach einem latenten Effekt der Verantwortung, welchen Luhmann in seiner Konzeption nicht beachtet.

7 Die Differenzen der beiden Ansätze in der Bearbeitung des Themas und die Gemeinsamkeit einer paradigmatischen Herangehensweise

Zur besseren Übersicht wird zunächst verdeutlicht, welche unterschiedlichen Zugänge sich die beiden Autoren zu dem Thema Verantwortung erarbeiten, bevor dann Gemeinsamkeiten dieser Herangehensweisen herausgearbeitet werden. Dabei werden die beiden Theorien gegenübergestellt und nicht die eine Position aus der anderen Position heraus kritisiert.

7.1 Sigfried Recks Zugang zum Thema Verantwortung

Siegfried Reck versucht auf einem alltäglichen Verständnis von Verantwortung aufzubauen. Verantwortung ist eine Eigenschaft von Personen. Es wurde bereits deutlich, dass beide Ansätze sowohl Phänomene als auch Begriffe thematisieren. Sie vollziehen diese Differenzierung jedoch in einer unterschiedlichen Art und Weise. Für Reck ist das Verantwortungsphänomen Ausgangspunkt seiner Überlegungen. Wenn Verantwortung eine Eigenschaft einer Person ist, dann muss sich eine Theorie finden lassen, die die Persönlichkeit (Identität) als besonderes Element thematisiert und in der sich ein Verantwortungsbegriff verorten lässt. Gleichzeitig weist Reck nach, dass die klassische Handlungstheorie oder die Verantwortungsethik nach Weber diese Persönlichkeit nicht in der Art und Weise beachtet. Dieser Nachweis geschieht durch die Feststellung, dass Handlungsmotive sehr häufig nicht der freien Wahl unterliegen, sondern durch die Situation (Struktur) geprägt sind (vgl. Reck 1981, S. 5ff.). Wenn die Persönlichkeit (und damit auch die Verantwortung) also nicht über die Motive in die Handlung einfließt, auf welche Weise geschieht es dann? Es geschieht über Identifizierungen. Recks Vorgehen gleicht einem Puzzlespiel. Er akzeptiert gewisse Vorgaben und bewegt sich innerhalb dieser Vorgaben dergestalt, dass er versucht vorhandene Lücken zu schließen. Natürlich ist der Umgang Recks mit dem Thema nicht voraussetzungslos. Er nähert sich dem Thema aus einer interpretativ-soziologischen Richtung, die eindeutig auf Erving Goffman und George Herbert Mead aufbaut[34]. Diese Ansätze werden jedoch im Umgang mit dem Thema Verantwortung erweitert. Reck führt quasi einen Nachweis, dass Verantwortung bisher in den identitätstheoretischen Arbeiten nur deshalb keine Beachtung gefunden hat, weil diese Fehler aufweisen. Beachtet man, dass auch soziale Kategorien nur über virtuale

[34] Und auch Reck muss sich hier die Frage gefallen lassen, ob er dies tut, weil sich das Thema hierzu besonders gut eignet, oder ob es sich das Thema besonders gut eignet, weil er es so zuschneidet.

Identifizierungen verfügbar gemacht werden können, ergibt die Miteinbeziehung von Verantwortung als identitätstheoretischem Grundbegriff plötzlich Sinn.

Die entscheidende Bedeutung der Person – und das ist bei Reck neu – wird hier in besonderer Weise herausgestellt. Reck stimmt mit Mead überein, dass Ego durch die Perspektivenübernahme Alters erst die Möglichkeit zu handeln herstellt. Hierdurch etablieren sich zum Beispiel Regeln der Fairness für ein Fußballspiel. Trotzdem kommt es häufig vor, dass zwei gegnerische Teams eine Situation unterschiedlich wahrnehmen. Während das eine Team auf einen Elfmeter rekurriert, deutet das andere Team die Situation als „Schwalbe". Diese Unterscheidung würde Reck anhand des Einflusses der Person erklären. Die Wirklichkeit (Foul oder kein Foul) kann nur subjektiv verfügbar gemacht werden. Somit wird sie individuell eingefärbt. Mit Hilfe von Verantwortung lässt sich dieser subjektiven Einfärbung entgegenwirken, indem sie reflektiert wird. Jede Handlung ist nur von sozialen Kategorien her denkbar und abstrahiert damit zunächst von individuellen Motiven. Die Zusammenführung einzelner Kategorien in einer Person beschreibt deren Identität; und eben diese Identität führt dazu, dass der Zugriff auf an sich gleiche Kategorien von verschiedenen Personen (mit verschiedenen Identitäten) unterschiedlich erfolgt.

Siegfried Reck thematisiert das Problem, dass ein vorliegendes Phänomen nicht mithilfe vorhandener Theorien hinreichend geordnet werden kann. Er identifiziert den Einfluss der Person als entscheidendes Element des Phänomens und versucht vorhandene Ansätze dementsprechend abzuändern, dass diese nun das Phänomen begrifflich fassen können. Reck versucht die Reichweite oder den Anwendungsbereich einer Theorie zu erhöhen, ohne einen Verlust an Erklärungskraft zu produzieren. Er geht hier induktiv vor. Ausgangspunkt ist ein konkretes Phänomen, welches dann in eine allgemeine Theorie eingepasst wird.

7.2 Niklas Luhmanns Zugang zum Thema Verantwortung

Einen anderen Weg der Herangehensweise wählt Niklas Luhmann. Er nutzt nicht das Phänomen als Ausgangspunkt seiner Überlegungen und versucht dieses zu erklären, sondern er fragt nach der Voraussetzung, damit dieses Phänomen überhaupt zu Stande kommt. Daran anschließend erörtert er die Frage, welche neue Voraussetzung dieses Phänomen wiederum schafft. In dieser Weise stellt sich die Frage, wo Verantwortung und was dank Verantwortung funktioniert. Dabei geht er ähnlich einer mathematischen Ableitung vor. Was ist die Voraussetzung für Verantwortung? Was sind die Voraussetzungen der Voraussetzung für Verantwortung? Diese Ableitung wird so lange verfolgt, bis eine begriffliche Ebene erreicht ist, die den Begriffen der zugrunde liegende Makrotheorie genügt. Dabei fällt sowohl ein allgemeines Verständnis von Verantwortung als auch die Bedeutung der Person den Ableitungen zu Opfer. Luhmann unterscheidet zwischen einer Betrachtung, die in der Lage ist diese Ableitungen zu erkennen (Beobachtung zweiter Ordnung), und einem Standpunkt, aus dessen Perspektive diese Erkenntnis nicht vollzogen wird (Beobachtung erster Ordnung). Dieses Vorgehen ist bezüglich der Beurteilung der Anwendbarkeit der Konzeption dem Vorgehen von Reck komplett entgegengesetzt. Reck beabsichtigt einen Blickwinkel zu etablieren, welcher zusätzlich zu den Verantwortungsphänomenen alle bisherigen Phänomene weiterhin betrachten kann. Er fragt danach, wie in Auseinandersetzung mit Begriffen Phänomene in eine Theorie integriert werden können. Luhmann hingegen fragt, wie in Auseinandersetzung mit Phänomenen diese Phänomene in eine Theorie integriert werden können. In erstem Fall geht es darum eine Ordnung zu schaffen, die soziale Phänomene strukturieren kann, im zweiten Fall darum, soziale Phänomene so weit zu zerlegen, dass sie in eine vorhandene Strukturierung passen.

Vollständig abgeleitet ist Verantwortung eine Systemoperation – ein Kompensationsmechanismus, der Komplexität ermöglicht. Für den Beobachter erster Ordnung ist Verantwortung ein selbstreferentielles Gebilde. Er täuscht sich selbst darüber, dass Verantwortung nicht mehr abzuleiten sei, und dies deshalb, weil er einen blinden Fleck, einen „Knick in der Optik hat“ (Kneer/Nassehi 1997, S. 109). Verantwortungsphänomene an den Ausgangspunkt der Überlegungen zu stellen macht deshalb für Luhmann genauso wenig Sinn wie die Person als entscheidenden Einfluss zu betrachten. Denn beides führt lediglich dazu, dass der wahre Blick hinter die Verantwortung verwehrt bleibt.

Luhmanns Ausgangslage ist die Erklärung der Differenz zwischen der Perspektive, die ein Beobachter erster Ordnung mit Blick auf Verantwortungsphänomene einnimmt, und der Perspektive, die ein Beobachter zweiter Ordnung innehat. Die Aufgabe liegt hierbei darin, die vorhandenen Phänomene so lange zu zerlegen, bis man bei einer Null-Perspektive angekommen ist. Von dieser Ebene ausgehend, lässt sich der Aufbau dieser Phänomene dann nachvollziehen. Luhmann zeigt zunächst, was sich hinter den Phänomenen verbirgt, um dann zu zeigen, warum sich genau dieses hinter den Phänomenen (aufgrund ihrer Funktion) verbergen muss.

7.3 Die Herangehensweise an das Thema Verantwortung als Paradigmenproblem

In Falle der Verantwortungskonzeption von Sigfried Reck wird das Individuum (die Person) an den Ausgangspunkt der Überlegungen gestellt, um im Anschluss daran die Auswirkungen auf oder die Funktion von Verantwortung für die Person zu erklären. Im Falle der Überlegungen von Niklas Luhmann zu einer theoretischen Verankerung von Verantwortungsphänomenen wird das System (oder die Struktur) an den Ausgangspunkt der Überlegungen gestellt und die Funktion oder die Auswirkungen von Verantwortung auf das System erklärt. Es ist durchaus sinnvoll an dieser Stelle einen Einschnitt zu vollziehen. Es wurde herausgestellt, dass nach wie vor eine Schwierigkeit besteht, Verantwortung als *einen* soziologischen Begriff zu behandeln. Auch wenn beide Theorien die Spannungsfelder des Verantwortungsdiskurses zumindest zum Teil überwinden, wird ein neues Spannungsfeld deutlich. Selbst wenn man nun in etwa eine Vorstellung davon gewonnen hat, was Verantwortung ist, stellt sich nun das Problem der Anwendbarkeit auf bestimmte Objekte. Auf diese Frage – worauf Verantwortung anzuwenden ist – liefert weder das Phänomen, noch der Begriff der Verantwortung eine Antwort. Es lassen sich zwei unterschiedliche Verantwortungsbegriffe mit zwei unterschiedlichen Anwendungsbereichen zur Beschreibung eines sozialen Phänomens gegenüberstellen. In beiden Fällen ist der Anwendungsbereich weder aus dem Begriff noch aus dem Phänomen abzuleiten, sondern erschließt sich lediglich aus dem Ausgangsparadigma, welches dem Begriff zu Grunde liegt. Verantwortung ist zwar nach Reck zum Beispiel eine personelle Eigenschaft, weil die Beschreibung von Verantwortungsphänomenen mit einem Verantwortungsbegriff darauf hinweist. Sie weist aber lediglich deshalb darauf hin, weil a priori davon ausgegangen wird, dass ein Verantwortungsbegriff sich auf Personen bezieht und Verantwortungsphänomene von Personen hervorgebracht werden. Gleiches gilt bei Luhmann entsprechend für den Verantwortungsbegriff und soziale Systeme.

Zu Beginn der Arbeit wurde der Sachverhalt erwähnt, dass ein Verantwortungsbegriff sich häufig aus der Art der Herangehensweise an das Thema bestimmt. Dies gilt auch für die beiden vorgestellten Theorien, obwohl sie beide in der Lage sind die Spannungsfelder des Diskurses zu entzerren. Allerdings – und dort liegt der entscheidende Unterschied – werden die Differenzen in der Herangehensweise nicht aufgrund der Beschaffenheit von Verantwortung begründet. Bezüglich der Spannungsfelder des Diskurses wurde argumentiert, dass Verantwortung zum Beispiel als Problem (anhand einer begriffskritischen Analyse) als diskontinuierlich zu bearbeiten ist, weil dies den Charakter der Verantwortung besonders gut erfasst. Man kann dementsprechend nur anhand der Verantwortung selbst begründen, ob Verantwortung Prinzip oder Problem (kontinuierlich oder diskontinuierlich etc.) ist. Die beiden Vorgehensweisen heben sich diesbezüglich in ihrem Vorgehen von den Spannungsfeldern des Diskurses ab. Sie passen ein vorhandenes Verantwortungsphänomen in bestehende Theorien ein. Im Falle Luhmanns geschieht dies durch ein Zuschneiden des Phänomens auf Begriffe einer zugrunde gelegten Makrotheorie und im Falle Recks durch die Korrektur und Erweiterung ausgewählter theoretischer Ansätze, so dass deren Begriffe in der Lage sind das Phänomen hinreichend zu erfassen.

Es wäre durchaus sinnvoll die Arbeit mit dem Verweis auf das Paradigmenproblem von Handlungs- und Systemtheorien oder der Reichweite von Theorien an dieser Stelle zu schließen (vgl. Balog/Schülein 2008, S. 18ff.). Damit wird die Frage danach, wie Verantwortung zu konzipieren ist, durch den Soziologen oder die Soziologin beantwortet, welche Verantwortung konzipiert. Man kann jedoch auch den Versuch unternehmen den Diskurs mit Hilfe der vorgestellten soziologischen Ansätze auf eine andere Ebene verlagern. Denn, wie aufgezeigt wurde, ist die Frage einer handlungs- oder systemtheoretischen Herangehensweise nicht durch die Beschaffenheit von Verantwortung bestimmt.[35] Dies ermöglicht vom Verantwortungsdiskurs zu abstrahieren und den Diskurs über die Vereinbarkeit von Handlungs- und Systemtheorien mit einzubeziehen. Wenn sich also Luhmanns und Recks Verantwortungskonzepte nicht direkt zu einem Verantwortungskonzept synthetisieren lassen, so kann es lohnenswert sein, den Umweg über die Frage nach der Vereinbarkeit von Handlungs- und Systemtheorien zu versuchen. Wenn also gerade die Theorienvielfalt und multiparadigmatische Herangehensweise die Stärke der Soziologie ist, dann kann die Stärke eines soziologischen Verantwortungsbegriffes die Auflösung der Probleme sein, die eben durch die Zugrundelegung verschiedener Paradigmen und unterschiedlicher Theorien entstehen (vgl. Giddens 1995, S. 773ff.). Diese Auflösung wird eben nicht dadurch geleistet, dass man sich für eine Herangehensweise entscheidet. Vielmehr soll der Versuch unternommen werden, verschiedene Herangehensweise als gleichberechtig nebeneinander zu denken.

---

35 Man kann lediglich sagen, dass sie sich für eine solche Herangehensweise sehr gut eignet. Aber die Herangehensweise lässt sich nicht aus Verantwortungsphänomenen oder -begriffen ableiten.

8 Die Erweiterung der paradigmatischen Herangehensweise: eine neue Perspektive auf Verantwortungsphänomene

Im letzen Teil der Arbeit wird dieses Vorgehen am Beispiel der beiden vorgestellten Theorien demonstriert. An dieser Stelle ist der Einwand berechtigt, dass die Frage nach der Ergänzung der einen Theorie durch die andere Theorie selbst eine neue Fragestellung darstellt, die sich nicht umfassend auf den wenigen verbleibenden Seiten bearbeiten lässt. Es sollen jedoch lediglich einige – wenn auch tiefergehende – Anstöße für die weitere Auseinandersetzung mit dem Thema vorgestellt und keine vollständige Bearbeitung der Fragestellung vorgenommen werden.

8.1 Gemeinsamkeiten und Unterschiede der Herangehensweisen bezüglich des Zugangs zu Verantwortungsphänomenen

Sofern Paradigmen nur sekundär auf den Untersuchungsgestand wirken bedeutet dies gleichzeitig, dass auch ein Zusammenführen dieser Paradigmen vom Untersuchungsgegenstand zunächst abstrahieren kann. Beabsichtigt man zum Beispiel die Begriffe der Gratifikation und der Leistung gleichermaßen auf Verantwortungsphänomene anzuwenden, so kann dies nur in direkter Auseinandersetzung mit Verantwortungsbegriffen und Verantwortungsphänomenen gelingen (vgl. Preisendörfer 1985, S. 95ff.). Beabsichtigt man hingegen eine handlungs- und systemtheoretische Herangehensweise an Verantwortungsphänomene zusammenbringen, so kann man zunächst die Herangehensweisen vergleichen und sie danach erst auf das Phänomen anwenden (vgl. Greve 2008, S. 149ff.).

Luhmann und Reck haben einen ähnlichen Zugang zu dem der Verantwortung zu Grunde liegenden Problem. Dieses liegt in der Differenz von Identitäten respektive Identifizierungen beziehungsweise Relationen. Reck bezieht dies jedoch auf eine Mikroebene. Verantwortung ist der Ausgleich zwischen der Weise, in der man den anderen sieht, und der Art, in der er sich selbst sieht. Dieser Ausgleich findet prinzipiell durch festgelegte Attribute sozialer Kategorien statt. Wenn die soziale Kategorie „Mann“ gewisse Attribute (wie zum Beispiel Bartwuchs) bereitstellt, eine Person als Mann zu identifizieren, kann sowohl der Einzelne als auch sein Gegenüber diese Attribute nutzen, um zu einer ähnlichen Identifizierung einer Person zu gelangen (vgl. Goffman 2001, S. 108). Der Zugang zu solchen Kategorien erfolgt jedoch wiederum über vorgestellte Kategorien. Wird zum Beispiel ein Junge mit langen Haaren von einer älteren Frau als Mädchen angesprochen, so liegt dies nach Reck daran, dass der Junge und die alte Frau unterschiedliche virtuale Identifizierungen der sozialen Kategorie Mann vornehmen.

Luhmann setzt ein ähnliches Problem an den Ausgangspunkt seiner Ausführungen, nähert sich diesem Problem jedoch von einer völlig anderen Seite. Um überhaupt so etwas wie die Kategorie Mann und Frau einzuführen, ist Autopoiesis nötig. Ein System muss darauf verzichten für das Geschlecht einer jeden existierenden Person eine Entsprechung im System zu generieren. Wenn der Junge in das Blickfeld der alten Dame gerät, fehlt der alten Dame zunächst die Relation zwischen dem Jungen und seinem Geschlecht. Diese Relation stellt sie nun selbst her. Sie wirkt für sie als ein Risiko, da sie über das Geschlecht des Jungen selbst bestimmt hat. Für den Jungen hingegen stellt das Geschlecht, welches ihm im psychischen System der alten Frau zugeordnet wurde, eine Gefahr da. Er hat auf die Änderung zunächst keinen Einfluss[36]. Durch die Bildung der Relation des konkreten Jungen und der Kategorie Mädchen hat sie die Unsicherheit über das Geschlecht des Jungen reduziert. Diese Reduktion der Unsicherheit bezeichnet Luhmann als Verantwortung.

Das Grundproblem liegt demnach darin, dass der Rückgriff auf ein zum Beispiel objektiviertes Phänomen immer nur über subjektive Aneignung geschehen kann. Nach Recks Aussagen müsse man sich diesen subjektiven Teil bewusst machen und ihn in einen Aushandlungsprozess überführen. Darin liege die Bedeutung von Verantwortung. Luhmann hingegen argumentiert, dass Verantwortung „erfunden" wurde, um eben jenen subjektiven Teil eines objektivierten Phänomens vergessen zu machen. Verantwortung stützt sich gemäß seiner Position auf den Prozess der „Vergegenständlichung" (Berger/Luckmann 1987, S. 36); und damit das eigene Zutun nicht auffalle, müsse Verantwortung als selbstreferentielles Gebilde konstruiert werden.

Rekonstruiert man eine Trennung von Verantwortung und Verantwortlichkeit anhand der beiden Positionen, so wird dieser Unterschied noch deutlicher: Reck würde argumentieren, die Frau handle verantwortungsvoll, wenn sie ihre Geschlechtszuschreibung und die Selbstzuschreibung des Jungen in einen Aushandlungsprozess überführt. Luhmann hingegen würde sagen, sie handle dann verantwortungsvoll, sobald sie dem Jungen ein Geschlecht zuschreibt. Den Aushandlungspro-

36 Ein Einwand könnte hier lauten, dass der Junge sein Geschlecht einfach mitteilen könnte und so sehr wohl einen Einfluss auf die Wahrnehmung der alten Frau habe. Um Kommunikation zu ermöglichen, muss diese jedoch in einem gemeinsamen sozialen System stattfinden. Dieses System hätte dann wiederum eigene Relationen der Geschlechtskategorien als Vorgabe. Im Gegensatz dazu handelt es sich bei dem Beispiel lediglich um die reine Wahrnehmung von und nicht die Kommunikation über die Geschlechtskategorien. Um auf die Relationen der alten Frau Einfluss zu nehmen, müsste der Junge die Operationen des psychischen Systems der alten Frau verstehen und nicht nur beobachten können.

zess über eine mögliche Relation bezeichnet Luhmann als Verantwortlichkeit. Verantwortlichkeit gibt jedoch nur an, ob ein System eine gebildete Relation ablehnt. Verantwortlichkeit nach Reck bedeutet hingegen nur, dass eine Identifizierung von eigenen Gedanken, Wünschen etc. durchdrungen ist. Verantwortung nach Luhmann beinhaltet eine Vorgabe zu machen, die für den anderen eine zwingende, zunächst nicht veränderbare Relation darstellt. Verantwortung nach Reck betrifft hier genau das Gegenteil, nämlich nicht die Vorgabe einer Relation, sondern das gemeinsame Aushandeln. Verantwortlichkeit nach Reck bezieht sich auf den Zustand, durch den jede Identifizierung von der eigenen Person entscheidend geprägt ist, Verantwortlichkeit nach Luhmann hingegen auf den Prozess der Bestätigung oder auf die Ablehnung von gebildeten Relationen (vgl. Reck 1981, S.51ff. und vgl. Luhmann 2000, S. 198ff.).

Bemüht sich die alte Frau um die Aushandlung der Identitätszuschreibung des Geschlechts, so handelt sie nach Reck verantwortungsvoll. Gleichgültig, ob Sie die Identitätszuschreibung aushandelt oder sich lediglich auf die virtuale Identität bezieht, ist sie verantwortlich. Dies ist der Fall, weil ihr Rückgriff auf soziale Kategorien immer eigene virtuale Identifizierungen enthält. Nach Luhmann hingegen liegt Verantwortung schon in der Festsetzung des Geschlechts, gleichgültig ob dieses aus einem Aushandlungsprozess hervorgegangen oder *nicht* hervorgegangen ist. Verantwortlichkeit wird nur relevant, sobald die Geschlechtszuschreibung abgelehnt wird.

Jede Handlung ist nur vor dem Hintergrund sozialer Kategorien denkbar (gleichgültig ob man sie nun Rollen, soziale Identitäten, Systemkategorien etc. nennt). Der Einzelne rekurriert durch die Bildung einer Relation, zum Beispiel zwischen einer konkreten Person und der Kategorie Geschlecht, eine soziale Wirklichkeit. Luhmann und Reck differieren nun darin, welche Schwerpunkte sie bei der Betrachtung dieses Prozesses zugrunde legen. Für Luhmann steht im Mittelpunkt, dass Handlungssicherheit hergestellt wird, indem vorgegeben wird, welche sozialen Kategorien in der Situation relevant werden (Verantwortung). Zum anderen geht es darum, ob diese neue Relevanz der sozialen Kategorien im weiteren Verlauf legitimiert wird (Verantwortlichkeit). Das System generiert das Element des Entscheiders, wenn die strukturellen Vorgaben nicht ausreichen, um zu Handlungen anzuleiten. In einem zweiten Schritt entscheidet sich dann, ob die neuen Relationen sich in die vorhandenen Strukturen des Systems einfügen lassen. Bei Luhmann ist also die Herstellung von Handlungssicherheit die Funktion oder Leistung der Verantwortung und die anschließende Legitimierung ein sich zwangsläufig anschließender Ablauf (vgl. Kapitel 7).

Reck stellt einen gegenteiligen Zusammenhang heraus. Immer wenn sich das Handeln auf mehrdeutige oder unzureichende soziale Kategorien stützt, ergänzt man diese anhand der subjektiv verfügbaren Wirklichkeit (Verantwortlichkeit). Da man sich hierbei auf soziale Kategorien bezieht, ist jedoch hiermit zwangsläufig die Wirklichkeit für andere betroffen. Dieser Eingriff bedarf einer Stabilisierung und Legitimierung durch Aushandlung von Identitäten (Verantwortung). Für Reck geschieht also die Bildung von Relationen zwangsläufig, die anschließende Aushandlung hat die Funktion der Gefährdung der sozialen Kategorien entgegenzuwirken (vgl. Kapitel 6).

8.2 Zur Möglichkeit der kombinierten Anwendung eines handlungs- und systemtheoretischen Verantwortungsbegriffes auf ein Verantwortungsphänomen

Wie lassen sich die beiden Konzepte nun aufeinander anzuwenden? Es wurden die Elemente aufgezeigt, hinsichtlich derer sich Luhmanns und Recks Zugang zum Problem der Verantwortung unterscheidet. Es wird im Folgenden zugrunde gelegt, dass beide Konzepte ein ähnliches Phänomen aus unterschiedlichen Perspektiven beleuchten (vgl. Schimank 2002, S. 335f.). Hier besteht die Aufgabe darin, beide Theorien so anzuordnen, dass sie miteinander eine geeignete Konzeption von Verantwortung ergeben.

Sowohl für Reck wie auch für Luhmann ist Verantwortung mit einem Prozess verknüpft. Nach Luhmann ist Verantwortung der unsicherheitsreduzierende Teil eines Entscheidungsprozesses. Nach Reck ist Verantwortung ein Aushandlungsprozess. Luhmann würde nun argumentieren, eine Aushandlung von Identitäten sei nicht möglich, da Systemgrenzen nicht überschritten werden können. Ein System kann auf andere Systeme nur mittels Beobachtung reagieren (Luhmann 2002, S. 275). Sämtliche Umweltaspekte werden aus dem System heraus wahrgenommen und von diesem gedeutet. Weil die Systeme sich gegenseitig nicht verstehen, kann ein System auch nicht in einem anderen System operieren. Auch die Selbstbeobachtung schafft keine Kanäle, fremde Identifizierungen zu integrieren oder zu beeinflussen. Man kann demnach keinen Einfluss auf die Fremdidentifizierung nehmen. Genauso wenig kann man die virtuale Identifizierung Alters nachvollziehen oder verstehen (vgl. Luhmann 2002, S. 150). Der Prozess der Aushandlung von Identitäten lässt sich somit nicht auf direktem Weg dem theoretischen Konzept von Luhmann zuführen.

Lohnenswert erscheint an dieser Stelle den Umweg über den Begriff der „strukturellen Kopplung" (Kneer/Nassehi 1997, S. 62) zu versuchen. Über strukturelle Kopplung können sich Systeme miteinander verbinden, ohne dass sie dies wirklich können (vgl. Luhmann 2002, S.120ff.). Was ist hiermit gemeint? Wenn man einen Strafzettel wegen Falschparken zu zahlen hat, so wirkt dies zunächst wie eine Operation des einen Systems mit Hilfe des Codes eines anderen Systems. Im Rechtssystem wird die Codierung „zahlen/nicht zahlen" des Wirtschaftssystems mit der eigenen Codierung „rechtswidrig/rechtsmäßig" gekoppelt. Wenn ein Autofahrer aber nun kalkuliert, dass ein Strafzettel zu zahlen für ihn billiger ist als das Parken seines Wagens im Parkhaus, so wird das Problem an dieser Stelle schnell deutlich. Der Strafzettel ist demnach keine Operation im Wirtschaftssystem, die das Falschparken verhindert, sondern er sensibilisiert lediglich für den Verstoß gegen das Recht. Es geht also nicht darum sicherzustellen, dass durch die Zahlung selbst mehr rechtmäßiges Parken sichergestellt wird, sondern vielmehr soll die Zahlung dafür sensibilisieren, dass man einen Fehler gemacht hat und diese Rechtswidrigkeit nicht mehr begeht[37]. Genauso wäre denkbar, dass Luhmanns Transformation von Risiko in Gefahr nicht Recks Aushandlungsprozess vorausgeht, sondern dass diese Transformation im psychischen System lediglich für die Reflexion von Identitäten sensibilisiert. Das heißt wiederum, dass Recks Konzeption der Aushandlung von Identitäten nicht Luhmanns Verantwortungsbegriff gleicht, sondern lediglich an diesen anknüpft. Man muss an dieser Stelle die Grundannahme präzisieren und sich von dem Gedanken verabschieden, dass Luhmann und Reck dasselbe Phänomen mit unterschiedlichen Begriffen beschreiben. Vielmehr beschreiben sie zwei Teile eines Phänomens mit unterschiedlichen Begriffen. Überspitzt formuliert beginnen für Luhmann Verantwortungsphänomene zu früh und für Reck enden sie zu spät.

Welche Möglichkeit bietet sich nun, um das Paradigma von System und Individuum als jeweils maßgebende Entität aufzulösen? Führt man das Konzept der Aushandlung von Identitäten lediglich über den Begriff der strukturellen Kopplung dem Verantwortungskonzept von Luhmann zu, so erweitert man zwar sein Konzept, löst aber nicht das Problem des Systems als maßgebende Einheit. Wenn man also davon ausgeht, dass der Verantwortungsbegriff nach Reck und der Verantwortungsbegriff nach Luhmann zwei Teile desselben Phänomens bezeichnen, so muss man eine Perspektive entwickeln, aus der sich diese Gemeinsamkeit erkennen lässt. Jede andere Vorgehensweise wird dem Vorwurf ausgesetzt sein, nicht zu beachten, dass es sich hierbei lediglich um zwei strukturell gekoppelte Phänomene handeln könnte, für die Reck und Luhmann jeweils geeignete Begrifflichkeiten entwickelt haben (vgl. Kapitel 3.1).

Eine Möglichkeit zeigt sich darin, beim Prozessbegriff anzusetzen, den beide Autoren zumindest implizit voraussetzen und die Konzepte hinsichtlich der *Interdependenz* von Handeln und Strukturen zu betrach-

---

37 Ein passendes Beispiel hierfür ist die Entwicklung der Schwarzfahrerquote im öffentlichen Verkehr. Diese sinkt nach Erhöhung des Bußgeldes kurzfristig und steigt dann aber wiederum auf ihr ursprüngliches Niveau an (Diekmann/Voss 2004, S.19ff.).

ten (vgl. Schimank 2002, S.81ff.). Die Interdependenz von Strukturen und Individuen liegt bei Reck in der Angewiesenheit des Einzelnen auf soziale Kategorien sowie in der Gefährdung von sozialen Strukturen durch den Rückgriff des Einzelnen auf soziale Kategorien. Man kann nur durch soziale Kategorien handeln, gefährdet diese sozialen Kategorien aber mit jedem Rückgriff auf diese. Bei Luhmann ist die Interdependenz einerseits dadurch gegeben, dass der Einzelne auf die Inklusion in Systeme angewiesen ist, auf der anderen Seite Systeme aber auf den Einzelnen angewiesen sind, um Komplexität zu ermöglichen (vgl. Kapitel 6 und vgl. Kapitel 7). Abstrahiert man von der Funktion und wendet sich dem Prozess zu, so kann es gelingen die Beschränkungen der Perspektive hinsichtlich der Funktion von Verantwortung zu überwinden (Elias/Bartels 1995, S. 37). Die soll anhand einer Neukonzeption der beiden Verantwortungskonzeptionen hinsichtlich eines Interdependenzgeflechts geschehen (vgl. Elias 2009, S. 80ff.). Geht man davon aus, dass es sich bei den beiden theoretischen Konzepten um zwei Elemente der Verantwortung handelt, für die der „soziologische Werkzeugkasten" (Schimank 2002, S.333) zwei geeignete Theorien bereitstellt, so lässt sich das zur Verdeutlichung von Luhmanns Verantwortungsbegriff angeführte Beispiel um Recks Verantwortungsteil erweitern:

Kombination der Verantwortungskonzeptionen von Luhmann und Reck:	***Entsprechendes Beispiel:***	
Zunächst ist zu bemerken, dass die Voraussetzung für ein komplexes System die autopoietische Schließung ist. Um diese aufrechtzuerhalten, muss darauf verzichtet werden eindeutige Entsprechungen aufrechtzuerhalten und die Bildung von Relationen bei Bedarf auf Elemente des Systems zu übertragen.	*Hiermit ist nicht viel mehr gemeint, als dass eine Universität (oder der Wissenschaftsbetrieb generell), um sich als solches zu etablieren, eigene Maßstäbe, Prioritäten etc. entwickelt muss. Dies kann ganz allgemein von so etwas wie einem humanistischen Weltbild bis hin zu etwas so Konkretem wie einer Studienordnung reichen.*	**Luhmann**
Diese neue Strukturierung führt dazu, dass Identifikationen nicht eindeutig sind. Erst hierdurch werden virtuale Identifizierungen möglich. Die Attribute einer sozialen Kategorie werden disponibel.	*Die Universität verzichtet darauf bei Geburt festzulegen, ob jemand wissenschaftliche Begabung aufweist. So ist es möglich, dass sich zum Beispiel die virtuale Identifizierung eines Lehrers und eines Elternteils bezüglich der wissenschaftlichen Begabung eines Schülers unterscheiden.*	**Reck**

Wenn nun Umwelteinflüsse für ein System relevant werden, ist es notwendig, dass neue Relationen gebildet werden. Mit der Bildung von neuen Relationen wird die Strukturierung von Situationen hinsichtlich Risiko und Gefahr aktualisiert.

Jedes Semester wird in einer Vielzahl darüber entschieden, wer welchen akademischen Grad tragen darf. Damit werden neue Relation zwischen Personen und Kategorien gebildet. Mit der Bildung dieser Relation wird gleichzeitig deutlich, wer einen Einfluss auf die Gestaltung der Relation hat und wer nicht.

Luhmann

Das Setzen neuer Relationen reduziert Unsicherheit. Dies geschieht, sobald eine Entscheidung getroffen wurde. Dieser Vorgang wird mit dem Begriff der Verantwortung bezeichnet.

Der Hochschulmitarbeiter übernimmt Verantwortung, indem er eine Note festlegt. Entgegen eines Alltagsverständnisses ist es dabei zunächst unerheblich, ob er die Note ausgewürfelt oder in einer ausführlichen Begutachtung entwickelt hat.

Luhmann

Diese Relation wird nun im System in einen Prozess der Bestätigung oder Ablehnung überführt. Dieser Prozess führt zur Feststellung von Verantwortlichkeit.

Im System der Universität kann der Hochschulmitarbeiter dafür verantwortlich gemacht werden, dass er Noten nicht sorgfältig, sondern leichtfertig vergeben hat.

Luhmann

Durch die Reduktion von Unsicherheit wird zwar Handlungssicherheit hergestellt und damit Gefahr reduziert; gleichzeitig entsteht jedoch eine Gefährdung der Identität, da diese mit festen Relationen konfrontiert wird und Gestaltungsmöglichkeiten reduziert werden.

Durch die Notengebung reduziert sich zwar Handlungsunsicherheit zum Beispiel bezüglich der Frage, ob es sinnvoll ist eine Promotion anzustreben oder nicht. Gleichzeitig entsteht jedoch eine Gefährdung der Identität. Eine schlechte Notengebung kann im Widerspruch zur Selbstzuschreibung des Studenten stehen (zum Beispiel sich die Identität eines begabten Studenten zuzuschreiben).

Reck

An dieser Stelle kommt nun der zweite Teil der Verantwortung in Spiel: die Reduktion der Unsicherheit oder Gefährdung der Identität. Auch hierbei lässt sich die Situation wieder hinsichtlich Risiko und Gefahr strukturieren. Virtuale Identifizierung ist für den Identifizierenden ein Risiko, für das Objekt der Identifizierung eine Gefahr

Es obliegt nun der Verantwortung des Hochschulmitarbeiters in gleichem Maße wie der Verantwortung des Studenten, einen Ausgleich von Identitäten herzustellen und damit die Gefährdung der Identität zu reduzieren. Dieser Ausgleichsprozess muss zum Ziel haben, sich über eine gemeinsame gesicherte soziale Identität des Studenten zu verständigen.

Reck

Auch in diesem Fall entscheidet die Akzeptanz der virtualen oder sozialen Identität wieder über die Frage der Verantwortlichkeit. Verantwortlich ist man dann, wenn der Unterschied zwischen virtualer und sozialer Identität oder die Gefährdung der Identität aufrechterhalten bleibt. Diese Verantwortlichkeit kann je nach Verlauf des Prozesses beiden Beteiligten zugeschrieben werden.

Wenn der Student die schlechte Note nicht mit seiner Identität vereinbaren kann, wird er den Hochschulmitarbeiter für dessen Bewertungsmaßstäbe verantwortlich machen. Genau so kann der Hochschulmitarbeiter den Studenten für die geringe Mühe oder die Nachlässigkeiten bei der Anfertigung der Arbeit verantwortlich machen.

Reck

Das Ausgangsproblem der Verantwortung ist damit Autopoiesis. Anders als Luhmann vermutet, beinhaltet der Entscheidungsprozess nicht nur eine Unsicherheitsreduktion der Handlungsmöglichkeiten, sondern gleichzeitig eine Gefährdung der betroffenen Identitäten. Man kann dies sehr gut an dem genannten Beispiel (Zöllner und alte Dame betreffend) erkennen (vgl. Kapitel 7.2). Der Zöllner identifiziert das Meissner Porzellan der Dame als billige Keramik. Er schafft damit die Relation zwischen dem konkreten Gegenstand und der Kategorie Ausfuhrerlaubnis. Ginge es lediglich um die Reduktion der Unsicherheit der Einfuhr, so ergäbe die Anschlusshandlung der Dame keinen Sinn. Wenn sie also einwendet, dass es sich bei ihrem Transportgut sehr wohl um Meissner Porzellan handelt, so ist ihre Handlung nicht auf das Bestreben zurückzuführen, eine andere Relation der Ausfuhrerlaubnis herzustellen. Vielmehr ist ihre Identität hierdurch gefährdet. Das vom Zöllner ins Spiel gebrachte Attribut „billige Keramik" passt nicht zu ihrer Selbstidentifizierung – zum Beispiel als „gutsituierte Frau". Hingegen ist die Gefährdung der Identität unter dem Aspekt der Funktion von Verantwortung wenig sinnvoll und bleibt deshalb außerhalb der Betrachtung

Luhmanns. Wenn man danach fragt, welche Bedeutung Verantwortung als Funktion zur Reduktion von Unsicherheit hat, vernachlässigt man zwangläufig solche Prozesse, die gleichzeitig Unsicherheit erhöhen.

8.3 Die Reformulierung des analytischen Schemas zur Betrachtung von Verantwortungsphänomenen

Es soll an dieser Stelle versucht werden die Unterscheidung, welche verschiedenen Dimensionen in dem Prozess des verantwortungsvollen und verantwortlichen Entscheidens angesprochen werden, nochmals mit Hilfe des zu Beginn eingeführten Schemas darzustellen: Verantwortung tragen „*Personen gegenüber* einem Adressaten *für* das eigene Handeln *vor* einer Instanz *in Bezug* auf bestimmte Kriterien *im Rahmen* eines Handlungsbereiches" (Weyers 2006, S. 219; Lenk 1998, S. 273). Dieses Schema suggeriert, dass die verschiedenen Relationen eindimensional sind. Eine Person trägt für ihr eigenes Handeln im Rahmen ihres Handlungsbereiches gegenüber einem Adressaten Verantwortung – und zwar vor dem Hintergrund bestimmter Kriterien einer Instanz. Der Erstgutachter trägt gegenüber dem Studenten für die Notengebung vor der Universität im Bezug auf die Kriterien der Notengebung im Rahmen seiner Funktion Verantwortung. Unter Einbezug der bisherigen Ergebnisse wird dieser Zusammenhang problematisch. Denn die Verantwortung gegenüber dem Studenten und die Verantwortung vor der Universität sind zunächst unabhängig voneinander zu betrachten, obwohl sie gegenseitig aufeinander einwirken. So ist es möglich, dass der Erstgutachter zwar der Verantwortung vor der Universität nachkommt und eine Notengebung wählt, die sich lediglich an der Qualität der Abschlussarbeit orientiert. Dieses Vorgehen kann dem Adressaten aber als verantwortungslos erscheinen. Für ihn wäre es womöglich verantwortungsvoll, wenn nicht nur die Abschlussarbeit, sondern der gesamte Studienverlauf mit in die Notengebung einfließt. Dies weist darauf hin, dass die eindimensionale Multirelationalität lediglich ein Sonderfall der Verantwortung ist. Sie setzt voraus, dass die Instanz und der Adressat bezüglich der Kriterien der Verantwortung übereinstimmen. In diesem Fall muss die Übereinstimmung bezüglich der Kriterien Teil der Verantwortung sein. Und dies trifft bei Reck nur auf die Rollenverantwortung zu (vgl. Reck 1981, S. 100ff.). Die Person übernimmt dann die von der Instanz zugeschriebene Identität.

Wie stellt sich der Zusammenhang aber für alle anderen Fälle dar? Eine Lösung dieser Frage kann hier durch die Anwendung des eindimensional-multirelationalen Schemas auf die in dieser Arbeit herausgearbeiteten Begriffe gelingen: *Verantwortung tragen Personen gegenüber Personen für Entscheidungen vor einem sozialen System im Bezug auf Attribu-*

te einer sozialen Kategorie. Wie stehen diese einzelnen Relationen nach den Verantwortungskonzeptionen von Luhmann und Reck in Verbindung?

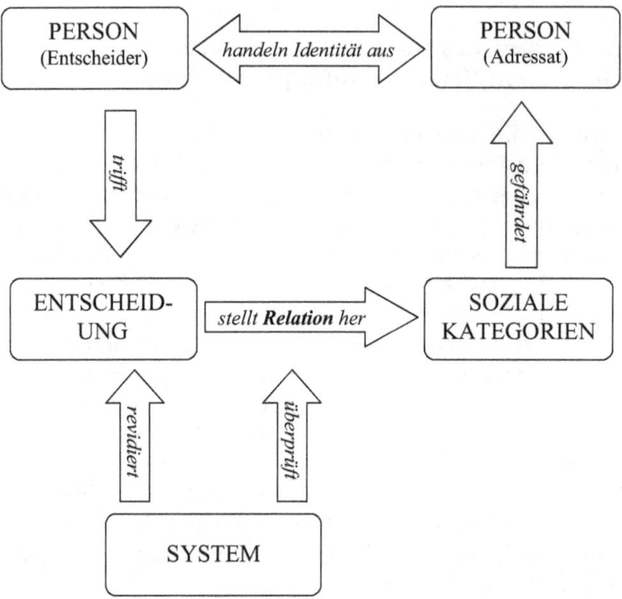

Abb. 3: Die Dimensionen der erweiterten Perspektive auf Verantwortungsphänomene

Eine Person trifft eine Entscheidung. Sie stellt dabei eine neue Relation zu einer sozialen Kategorie her oder schließt den Zugang zu einer sozialen Kategorie aus. Verteilt der Gutachter zum Beispiel die Note „Gut", so stellt er eine Relation zwischen einer Arbeit und der Notenkategorie „Gut" her und schließt durch die Identifizierung dieses Attributs zum Beispiel die Selbstidentifizierung des Studenten als „Ausnahmetalent" aus. Das System reagiert nun, indem es die gebildete Relation der Entscheidung hinsichtlich einer Übereinstimmung mit den vorhandenen Kategorien überprüft und gegebenenfalls die Entscheidung revidiert. Die Notwendigkeit eines Zweitgutachters zur Notenvergabe ist zum Beispiel ein Mechanismus, der eine solche Überprüfung garantieren soll. Mit der Notengebung setzt der Erstgutachter ein Attribut, das die Zuschreibung einer bestimmten sozialen Identität erleichtern oder erschweren kann. Eine mittelmäßige Note wird es erschweren, die virtuale Selbstidentifizierung als Ausnahmetalent mit der sozialen Kategorie des Ausnahmetalentes in Einklang zu bringen. Es muss sich also ein Aushandlungsprozess zwischen der Person, welche entscheidet, und dem Adressaten der Entscheidung anschließen, um diese Differenz zu reduzieren.

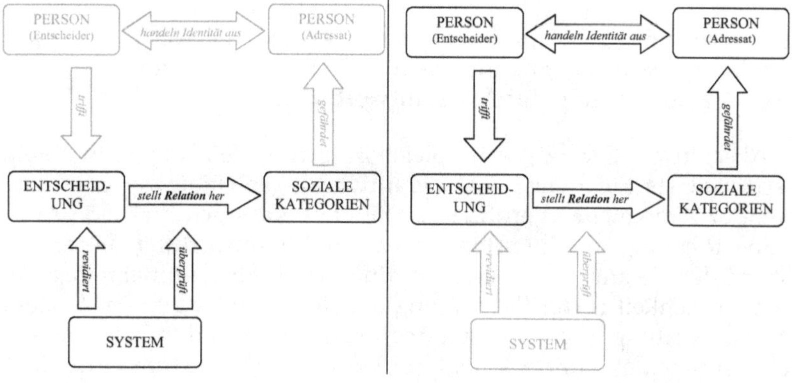

Abb. 4: Gegenüberstellung der verkürzten Verantwortungskonzeptionen von Luhmann und Reck

An dieser Übersicht lässt sich auch leicht verdeutlichen, wie der Sachverhalt sich verändert, wenn man (wie Reck es vornimmt) die Systemebene außer Acht lässt oder (wie Luhmann) die Personenebene nicht thematisiert. Man erhält zwei Übersichten, die jede für sich genommen Sinn ergeben, jedoch nur einen Teil des Verantwortungsphänomens strukturieren: Im Fall von Luhmann werden nur die Entscheidung, das System und die sozialen Kategorien betrachtet, im Falle von Reck nur die Personen und die sozialen Kategorien. Erst die Addition beider Sichtweisen und der zugehörigen Begriffe führt zu einer Erweiterung der Perspektive auf das Verantwortungsphänomen. Andernfalls erhält man eine verkürzte Darstellung, welche nicht in der Lage ist, Verantwortungsphänomene als Ganzes zu schematisieren. Die neue Perspektive auf Verantwortungsphänomene leitet nun dazu an, das zu Beginn vorgestellte analytische Schema zum Teil zu revidieren:

Verantwortung tragen *Personen durch ihre Entscheidung* sowohl für die *Sicherstellung von Handlungsfähigkeit gegenüber Systemen* als auch für die *Sicherstellung von Identitäten gegenüber Personen.*

Verantwortung wirkt über Entscheidungen auf Interdependenzen, zum einen auf die gegenseitige Abhängigkeit von Systemen und Personen. Das System ist auf die Person als Element zur Herstellung von Relationen angewiesen, gleichzeitig ist die Person auf die Bestätigung von Relationen durch die Einbindung in das System angewiesen. Zum anderen wirkt Verantwortung auf die gegenseitige Abhängigkeit von Personen. Der Einzelne ist in jeder Interaktion, in jeder Darstellung seiner Identität, auf soziale Kategorien angewiesen. Gleichzeitig gefährden diese sozialen Kategorien wiederum seine Identität.

8.4 Ein Anwendungsbeispiel der erweiterten Perspektive auf Verantwortungsphänomene: Die Dethematisierung von Verantwortung durch Verantwortlichkeit

Zum Abschluss soll kurz ein Beispiel skizziert werden, an welcher Stelle diese erweiterte Sichtweise auf Verantwortungsphänomene eine neue Anwendungsmöglichkeit eröffnet. Es fällt auf, dass sich für beide Autoren eine Richtung der Interdependenz der Verantwortung die andere Richtung der Verantwortlichkeit zuordnen lässt. Für Luhmann liegt die Verantwortlichkeit in der Bestätigung der Relationen durch das System, die Verantwortung in der Herstellung der Relationen durch die Person, welche entscheidet. Für Reck liegt die Verantwortlichkeit im individuellen Rückgriff auf soziale Kategorien, die Verantwortung in der Reaktion auf die Gefährdung der Identitäten. Dies eröffnet die Möglichkeit, dass man auch das Verhältnis von Verantwortung und Verantwortlichkeit präzisieren und reformulieren kann. Bisher wurde in dieser Arbeit davon ausgegangen, dass Verantwortlichkeit eine Deutung der Verantwortung oder eine Stellungnahme zur Verantwortung ist. Entweder zeigt sich der Einzelne verantwortlich oder durch eine zugeschriebene Verantwortlichkeit wird definiert, dass Verantwortung vorgelegen haben muss. Es wurde aufgezeigt, dass diese Betrachtungsweise auf der Vorstellung einer statischen Verantwortung basiert. Wird sie übernommen, ist Verantwortung stetig vorhanden; die zugehörige Verantwortlichkeit dagegen regelt, ob einem dies bewusst ist oder bewusst hätte sein müssen. Wenn ein Vater sich verantwortlich für sein Kind zeigt, bedeutet dies, dass ihm die Verantwortung für sein Kind bewusst ist. Wenn man für etwas verantwortlich gemacht wird, so heißt dies ebenfalls, dass einem die Verantwortung hätte bewusst sein müssen und dass man darauf hätte reagieren müssen (vgl. Kapitel 3.3).
Die hier neu zu Grunde gelegte Betrachtungsweise legt im Gegensatz hierzu die Vermutung nahe, dass es bei der Verantwortlichkeit nicht um die Bewusstmachung sondern im Gegenteil um die Ausblendung von Verantwortung geht. Nach Luhmann ist diese Betrachtungsweise schnell eingängig. Wenn ein System eine Relation ablehnt suggeriert es, dass diese Relation von vorneherein keine Handlungssicherheit hergestellt hätte. Es blendet aus, dass es auf die Setzung von Relationen angewiesen ist und verhält sich so, als ob die Akzeptanz der Relationen vor der Setzung von Relationen ablaufen könnte. Wenn also zum Beispiel der Hochschulmitarbeiter für eine falsche Notengebung verantwortlich ge-

macht wird, so wird ausgeblendet, dass das System auf Herstellung von Relationen zwischen Abschlussarbeiten und Abschlussnoten angewiesen ist. Das System wirkt dann als „Richter", obwohl es gleichzeitig auch in der „Opferrolle" ist.

Auch der Theorie von Reck lässt sich diese Betrachtungsweise schnell zuführen. Verantwortlichkeit bezeichnet die einseitige Festlegung auf virtuale Identifizierungen zur Definition von Situationen. Wenn der Besitzer eines Wagens seinem Freund diesen Wagen leiht und dieser aufgrund eines Defektes am Wagen einen Unfall verursacht, so können sich beide Parteien gegenseitig für diesen Unfall verantwortlich machen. Der Besitzer kann seinem Freund vorwerfen, er habe es versäumt die Fahrtüchtigkeit zu überprüfen, und der Freund kann dem Besitzer vorwerfen, er habe ihm einen nicht verkehrstüchtigen Wagen geliehen. Wären die Verantwortlichkeiten aus Verantwortung hervorgegangen, so würden sie nicht differieren. Gleiches gilt auch, wenn nicht zwei unterschiedliche virtuale Identifizierungen vorliegen, sondern eine virtuale Identifizierung unreflektiert übernommen wird (Verantwortungsschwäche des Ich). Es liegt in diesem Fall kein Aushandlungsprozess von Selbst- und Fremdidentifizierungen vor, sondern ein Fehler in der Fremdidentifizierung; eine Diskrepanz zwischen virtualer und sozialer Identität. Damit handelt es sich auch im Falle der Konzeption von Sigfried Reck bei den Begriffen der Verantwortlichkeit und der Verantwortung um Gegensatzpaare. Differieren die Ansichten darüber, wer verantwortlich ist, muss sich ein Aushandlungsprozess (Verantwortung) anschließen, der eine gemeinsame Wirklichkeit herstellt. Ist hingegen die Verantwortlichkeit eindeutig, so ist auch kein Aushandlungsprozess nötig, da sich virtuale und soziale Identifizierungen decken.

Bezüglich Verantwortung und Verantwortlichkeit wurden einige Unterscheidungen zu Beginn der Arbeit thematisiert. So bezeichnete Verantwortlichkeit die der Verantwortung zugehörige Haltung. Voraussetzung für Verantwortlichkeit war das Erkennen von Verantwortung, das Vorhandensein eines Verantwortungsträgers sowie von Entscheidungen, die in Situationen von Verantwortung relevant werden (vgl. Kapitel 3.3). Auch mit den nun vorliegenden Erkenntnissen verliert die Entscheidung nicht an Relevanz. Gleiches gilt für die Person als Verantwortungsträger. Dies lässt sich anhand des Schemas leicht erkennen. Sowohl Verantwortung als auch Verantwortlichkeit sind nur vor dem Hintergrund eines Entscheiders denkbar. Die Behauptung, Verantwortlichkeit sei eine freiwillige oder zugeschriebene (erwartete) Haltung zur Verantwortung, lässt sich jedoch nicht aufrechterhalten. Wäre dies der Fall, so müsste das System seine Haltung zur Unsicherheitsreduktion der Relation und die Person zur Aushandlungsleistung der Identitäten ausdrücken. In Wirklichkeit aber thematisieren das System seine Haltung zur Relation und der Entscheider seine Haltung zum Betroffenen (im Rückbezug auf dessen virtuale Identität).

Über die Funktion eines solchen Ausblendungsmechanismus lässt sich lediglich spekulieren. Denkbar wäre zum Beispiel, dass die Interdependenz von Verantwortung und Verantwortlichkeit nicht thematisiert wird, um die Selbstreferenz der Verantwortung nicht zu gefährden. Würde man diese Interdependenz thematisieren, wäre Verantwortung und Verantwortlichkeit zum Beispiel hinsichtlich eines Austauschs zu betrachten. Die Universität ist auf Hochschullehrer angewiesen, aber gleichzeitig ist der Hochschullehrer auf die Bestätigung seiner Relationen angewiesen. Auf die Bedeutung und Folgen eines solchen Verlustes der Selbstreferenz hat Luhmann umfangreich hingewiesen (vgl. Luhmann 2008, S. 593ff.). Gleichermaßen wäre auch denkbar, dass die Nichtthematisierung der Interdependenz auf dem Problem der Vergabe und der Demonstration von Macht beruht. Im System können neu gebildete Relationen abgelehnt werden. Um sicherzustellen, dass diese Macht der Ablehnung von Relationen die Machtbefugnis übersteigt, mit denen das System den Einzelnen ausgestattet hat, ist die Dethematisierung von Verantwortung notwendig. Gleichermaßen zeugt diese Nichtthematisierung bezüglich Identitäten von der Möglichkeit eigene virtuale Identifizierungen durchzusetzen. So beinhaltet die Aussage des Vaters gegenüber seinem Kind „Ich bin für dich verantwortlich" gleichzeitig die Übertragung der vom Vater gebildeten virtualen Identität auf die soziale Identität des Kindes und eine Ausklammerung der Aushandlung von Identitäten. Ein Indiz hierfür ist, dass bei Kindern eine Verantwortlichkeit häufig eine Einschränkung begründet („Ich bin für dich verantwortlich, also tust du, was ich dir sage").

Neben dieser Steigerung sollte an dieser Stelle auch der Wegfall von Erklärungskraft bezüglich der quantitativen Erfassung von Verantwortung erwähnt werden. Während das zu Beginn vorgestellte Schema in der Lage ist, Verantwortung über das Fehler-Schadens-Kriterium und einen klassischen Risikobegriff quantitativ zu erfassen, verliert man mit dem veränderten Blick auf Verantwortungsphänomene diese Möglichkeit. Risiko nach Luhmann lässt sich nicht als Wahrscheinlichkeit ausdrücken, sondern zeichnet sich lediglich – im Gegensatz zur Gefahr – durch die Möglichkeit der Einflussname aus. Die vorgestellte Perspektive ist in der Lage tendenziell durch ihre Erklärungskraft Bestätigung zu erfahren. So lässt sich das zu Beginn der Arbeit geäußerte Problem, dass Verantwortlichkeit (im Sinne des Festsetzens von Verantwortung) besonders dort leicht fällt, wo Verantwortung an Relevanz verliert, nun durch die Dethematisierung von Verantwortung durch Verantwortlichkeit erklären (vgl. Kapitel 3.3).

Ein anderer Anwendungsbereich dieser Perspektive ist die Klärung von offenen Fragen der empirischen Forschung zum Thema. So lässt sich zum Beispiel die Frage, warum Verantwortung nicht nur in Situationen an Relevanz gewinnt, die durch Aushandlungsprozesse, sondern auch in Situationen, die durch einseitige Vorgaben gekennzeichnet sind, mit Hilfe der Unterscheidung von den Interdependenzen bearbeiten: Die Verwirrung Preisendörfers, dass – entgegen seiner Annahme – Verantwortung nicht von den Personen abgewertet wird, die vom Unternehmen häufig verantwortlich gemacht werden, lässt sich mit Hilfe dieser Betrachtungsweise auflösen (vgl. Preisendörfer 1985, S. 188f.). Wenn Verantwortlichkeit die Abhängigkeit des Entscheiders vom System bezeichnet, so ist dieser doch gerade darauf angewiesen, die Bedeutung der Verantwortung herauszustellen, um seine eigene Einflussnahme und damit die Interdependenz aufrechtzuerhalten.

Es wurde beabsichtigt über einen Theorienvergleich hinaus, der die Begrifflichkeiten kontrastiert, zu einem Theorienvergleich zu gelangen, der die Gemeinsamkeiten thematisiert. Die multiparadigmatische Ausgangslage erschwert allerdings den Nachweis, dass neu gewonnenen Begriffe in jeder Theorie für sich genommen eine wichtige Bedeutung einnehmen. Es lässt sich lediglich die Sichtweise auf das Verantwortungsphänomen erweitern. Mit andern Worten: Man setzt voraus, dass Niklas Luhmann und Siegfried Reck mit ihrem Vorgehen jeweils einen geeigneten Verantwortungsbegriff zur Beschreibung von einem Verantwortungsphänomen gewinnen. Allerdings ist diese Aussage insofern einzuschränken, als die verwendeten Begriffe das Phänomen nur zum Teil erfassen können. Dies bedeutet aber auch, dass die Betrachtung von Verantwortung hinsichtlich eines Interdependenzgeflechts damit lediglich eine Hypothese darstellt, die einer weiteren Überprüfung bedarf. Der weitere Weg an dieser Stelle kann Komplexitätsreduktion zum Ziel haben. Man könnte sich auf die empirische Bestätigung einer Interdependenz beschränken, indem man die Dethematisierung von Verantwortung durch Verantwortlichkeit überprüft. Es ließe sich zum Beispiel inhaltsanalytisch untersuchen, inwieweit bei der Kommunikation über Verantwortlichkeit in Tageszeitungen die unsicherheitsabsorbierende Funktion der Verantwortung thematisiert wird. Eine andere Vorgehensweise könnte darin bestehen, die vorgestellte Perspektive im Sinne einer kritischen Theorie der Verantwortung weiter auszubauen. In diesem Falle würde es um eine Rekonstruktion von Problemen der Verantwortung mit Hilfe dieser auf Totalität ausgelegten Perspektive gehen. So könnte man sich zum Beispiel darauf konzentrieren aufzuzeigen, welche gesellschaftlichen Phänomene die Interdependenz von Verantwortung und Verantwortlichkeit hervorrufen.

Man muss sich an dieser Stelle der Ernüchterung stellen, dass die Erklärungskraft dieses Ansatzes erst nach weiterer theoretischer oder empirischer Vorarbeit angemessen beurteilt werden kann. Darüber mag womöglich das Anwendungsspektrum ein wenig trösten, welches in Rezeption auf zahlreiche Beispiele deutlich geworden ist.

Die Veränderung der Perspektive auf Verantwortungsphänomene hat eine Abänderung des zu Beginn der Arbeit vorgestellten Schemas zur Folge. Zum einen müssen die Relationen der Verantwortung hinsichtlich zweier Dimensionen betrachtet werden: Welche Person-Person und welche System-Person Beziehungen lassen sich im Verlauf des Phänomens wahrnehmen? Diesen Interdependenzen lassen sich dann die Begriffe Verantwortlichkeit und Verantwortung zuordnen. So schafft man ein Erklärungsmuster, welches einzelne Handlungen innerhalb von Verantwortungsphänomenen – zum Beispiel anhand der Dethematisierung von Verantwortung durch Verantwortlichkeit – erklären kann.

9 Fazit

Die vorliegende Arbeit behandelte Verantwortung als einen soziologischen Begriff. Dabei ging es nicht darum, ein umfassendes Bild der soziologischen Verantwortungsbegriffe zu entwerfen. Vielmehr lag der Fokus auf solchen Arbeiten, die der Vielschichtigkeit von Verantwortungsphänomenen nicht entgegentreten, indem sie eine Präzisierung des Begriffes oder des Phänomens beabsichtigen, sondern eine Öffnung des Begriffes bei konstanter Betrachtungsebene des Phänomens anstreben.

Die besondere Zielsetzung dieser Arbeit bestand darin, mögliche Gemeinsamkeiten solcher Konzepte herauszuarbeiten. Dies gelang mithilfe des Theorienvergleichs als geeignete Methode. In Auseinandersetzung mit der Methode des Theorienvergleichs und den Spannungsfeldern des Verantwortungsdiskurses wurden Anforderungen an einen Theorienvergleich herausgearbeitet. Hierbei wurde deutlich, dass der Fokus auf die Gemeinsamkeiten von Verantwortungskonzepten auch die Unterschiede sowohl bezüglich des Inhaltes der Konzepte als auch bezüglich der Herangehensweise der Autoren beachten muss.

Die beiden vorgestellten Konzepte differieren stark hinsichtlich der inhaltlichen Komponente, betrachten jedoch Verantwortungsphänomene – und darin liegt eine Gemeinsamkeit – in einem theoretischen Gesamtzusammenhang[38]. Es wurde aufgezeigt, dass sich eine derartige Herangehensweise von den Spannungsfeldern des Verantwortungsdiskurses weitgehend distanzieren kann. Dies gelingt, indem das Vorgehen der beiden Autoren Verantwortungsphänomene zunächst nicht paradigmatisch eingeschränkt, sondern diese die Phänomene als Ganzes zu betrachten versuchen. In einem zweiten Schritt werden dann im einen Fall Phänomene auf eine zu Grunde gelegte Makrotheorie angewandt, im anderen Fall eine zugrundegelegte Mikrotheorie zur angemessenen Beschreibung des Phänomens erweitert.

In einem kontrastierenden Theorienvergleich wurde dann aufgezeigt, dass auch diese Vorgehensweise nicht voraussetzungslos ist. Das Paradigma erschließt sich nun nicht mehr über das konkrete Verantwortungsphänomen oder den Verantwortungsbegriff, sondern über die zu Grunde gelegte Herangehensweise. Dies hat jedoch den entscheidenden Vorteil, dass Begriffe und Phänomene nur sekundär über die zu Grunde gelegte Theorie eingeschränkt werden und nicht mehr primär über Begriffsdefinitionen und Einschränkungen des empirischen Feldes. Man kann dann auf methodische Operationen zur Reduktion der Diskontinui-

---

38 Auch wenn die beiden Autoren sich hinsichtlich der theoretischen Offenheit (Reck) oder theoretischen Geschlossenheit (Luhmann) dieses Gesamtzusammenhangs stark unterscheiden (vgl. Luhmann 2008, S. 187ff. und vgl. Reck 1981, S. 21ff.).

tät von Verantwortung verzichten. So eröffnet sich die Möglichkeit, System- und Handlungstheorie als zwei Sichtweisen auf dasselbe Phänomen zu betrachten. Aufgrund einer zweiten Gemeinsamkeit der beiden theoretischen Konzeptionen von Reck und Luhmann, nämlich der Tatsache, Verantwortung im Zusammenhang mit einem Prozess zu betrachten, konnte eine Perspektive entwickelt werden, die eine Strukturierung von Verantwortungsphänomenen mithilfe der Begrifflichkeiten beider Konzepte ermöglicht.

Diese neue Sichtwiese leitet zur Annahme von Verantwortung und Verantwortlichkeit als Interdependenzgeflecht und der Bedeutung von „System-Person“ und „Person-Person“ Beziehungen als Bestandteil eines multirelationalen und multidimensionalen Schemas zur Beschreibung von Verantwortungsphänomenen über. Eine solche Erhöhung der Komplexität hat jedoch zur Folge, dass sich diese Perspektive weitgehend jeder empirischen Überprüfbarkeit zunächst entzieht. An dieser Stelle ergebenen sich mindestens zwei Möglichkeiten für die weitere Auseinandersetzung mit dem Thema. Der eine Teil stützt sich auf die Reduktion von Komplexität. Diese kann sich sowohl auf die Begriffe als auch auf den Anwendungsbereich des Schemas beziehen und zielt in erster Linie darauf ab, die Perspektive einer Operationalisierung zugänglich zu machen. Der andere Teil nutzt das Schema zur Beschreibung eines grundlegenden Mechanismus der Gesellschaft, um von diesem aus zum Beispiel Verantwortungsphänomene abzuleiten. Wohl erst durch die Kombination beider Vorgehensweisen kann es gelingen, einen Zugang zur Verantwortung als *soziologischen* Begriff und nicht nur als Begriff soziologischer Theorien zu erlangen.

10 Literaturverzeichnis

Auhagen, Ann Elisabeth / Bierhoff, Hans-Werner 2003: Angewandte Sozialpsychologie. Das Praxishandbuch, Weinheim: Beltz PVU.

Balog, Andreas 2006: Soziale Phänomene. Identität, Aufbau und Erklärung, Wiesbaden: Verlag für Sozialwissenschaften.

Bayertz, Kurt: Eine kurze Geschichte der Verantwortung, in: Bayertz, Kurt (Hg.) 1995: Verantwortung. Prinzip oder Problem?, Darmstadt: Wissenschaftliche Buchgesellschaft, S. 3-71

Berger, Peter L. / Luckmann, Thomas 1987: Die gesellschaftliche Konstruktion der Wirklichkeit: eine Theorie der Wissenssoziologie, Frankfurt: Fischer.

Berghaus, Margot 2003: Luhmann leicht gemacht. Eine Einführung in die Systemtheorie, Köln: Böhlau.

Beucker, Pascal / Überall, Frank 2006: Endstation Rücktritt: Warum deutsche Politiker einpacken?, Berlin: Econ Verlag.

Bienfait, Agathe 2008: Verantwortliches Handeln als soziologischer Grundbegriff, in: Österreichische Zeitschrift für Soziologie Nr. 33, Wiesbaden: Verlag für Sozialwissenschaften, S. 3-19.

Bortz, Jürgen / Döring, Nicola 2009: Forschungsmethoden und Evaluation. Für Human- und Sozialwissenschaftler, 4. Auflage, Heidelberg: Springer.

Brieskorn, Norbert: Verantwortungsstrukturen in sozialethischer Sicht, in: Neumann, Ulfrid / Schulz, Lorenz 2000: Verantwortung in Recht und Moral, Stuttgart: Steiner, S. 193-216.

Bundeszentrale für gesundheitliche Auflärung (BZgA) 2008: Wenn Spiel zur Sucht wird, Köln: BZgA.

Dahrendorf, Ralf 2006: Homo sociologicus: ein Versuch zur Geschichte, Bedeutung und Kritik der Kategorie der sozialen Rolle, 16. Auflage, Wiesbaden: Verlag für Sozialwissenschaften.

Deutsche Rundfunk Anstalt (D.R.A.) 2008: Frühe Kriminalserien des Deutschen Fernsehfunks. Einschließlich Kriminalsatiren und Krimirätsel. 1958-1978. Eine Bestandsübersicht, in: DRA-Spezial Nr.15/2007, Berlin: Verlag für Berlin-Brandenburg.

Diekmann, Andreas / Voss, Thomas: Die Theorie rationalen Handelns. Stand und Perspektiven, in: Diekmann, Andreas / Voss, Thomas (Hg.) 2004: Rational-Choice-Theorie in den Sozialwissenschaften: Anwendungen und Probleme, München: Oldenbourg, S. 13-32.

Durkheim, Émile 1973: Der Selbstmord,
Neuwied: Luchterhand.

Elias, Norbert / Bartels, Hans-Peter 1995: Menschen in Figurationen: ein Lesebuch zur Einführung in die Prozess- und Figurationssoziologie von Norbert Elias, Opladen: Leske und Budrich.

Elias, Norbert 2009: Was ist Soziologie?, 11. Auflage, Weinheim und München: Juventa.

Faber, Joachim: Diese Finanzkrise wird nicht in einem Quartal vorüber sein, in: Frankfurter Allgemeine Zeitung, Nr. 56 vom 06.03.2009, S. 23.

Fauconnet, Paul 1934: La Responsabilité. Étude des Sociologie, Paris: Faculté des Lettres.

Geisler, Hans / Gemper, Bodo B. 1999: Die Verantwortung des Einzelnen für die Gesellschaft - die Verantwortung der Gesellschaft für den Einzelnen, Netphen: Josef Eul Verlag.

Giddens, Anthony 1995: Soziologie, Graz: Nausner & Nausner .

Göbel, Elisabeth 2006: Unternehmensethik: Grundlagen und praktische Umsetzung, Stuttgart: Lucius und Lucius.

Goffman, Erwing 1967: Stigma: über Techniken der Bewältigung beschädigter Identität, Frankfurt a. M.: Suhrkamp.

Goffman, Erwing 1977: Rahmenanalyse: ein Versuch über die Organisation von Alltagserfahrungen, Frankfurt a. M.: Suhrkamp.

Goffman, Erwing 2001: Interaktion und Geschlecht, 2. Auflage, Frankfurt a. M.: Campus Verlag.

Goffman, Erwing 2008: Wir alle spielen Theater: Die Selbstdarstellung im Alltag, 6. Auflage, München: Piper.

Greve, Jens: Gesellschaft: Handlungs- und Systemtheoretische Perspektiven, in: Balog, Andreas / Schülein, Johann A. (Hg.) 2008: Soziologie, eine multiparadigmatische Wissenschaft. Erkenntnisnotwendigkeit oder Übergangsstadium?, Wiesbaden: Verlag für Sozialwissenschaften, S.149-186.

Haller, Max 1999: Soziologische Theorie im systematisch-kritischen Vergleich, Opladen: Leske + Budrich.

Heidbrink, Ludger 2006: Verantwortung in der Zivilgesellschaft. Zur Konjunktur eines widersprüchlichen Prinzips, Frankfurt am Main: Campus-Verlag.

Heider, Fritz 1988: Psychologie der interpersonalen Beziehungen, Stuttgart: Klett.

Herchen, Oliver 2007: Corporate Social Responsibility: Wie Unternehmen mit ihrer ethischen Verantwortung umgehen, Norderstedt: Books on Demand.

Hillmann, Karl-Heinz 2008: Wörterbuch der Soziologie, 5. vollst. überarb. und erw. Auflage, Stuttgart: Kröner.

Hoche, Hans-Ulrich / Strube, Werner 1985: Analytische Philosophie, Freiburg (Breisgau): Alber.

Joas, Hans: Rollen- und Interaktionstheorien in der Sozialisationsforschung, in: Hurrelmann, Klaus / Ulrich, Dieter (Hg.) 1991: Neues Handbuch der Sozialisationsforschung, Weinheim, S.137-152.

Jonas, Hans 2003: Das Prinzip Verantwortung. Versuch einer Ethik für die technologische Zivilisation, 1. Aufl., [Nachdr.], Frankfurt am Main: Suhrkamp.

Kaufmann, Franz X. 1992: Der Ruf nach Verantwortung. Risiko und Ethik in einer unüberschaubaren Welt, Freiburg i.Br.: Herder.

Kieser, Alfred / Walgenbach, Peter 2003: Organisation, 4. überarb. und erw. Auflage, Stuttgart: Schäffer-Poeschel.

Klement, Jan-Henrik 2006: Verantwortung: Funktion und Legitimation eines Begriffs im öffentlichen Recht, Tübingen: Mohr Siebeck.

Kneer, Georg / Nassehi, Armin 1997: Niklas Luhmanns Theorie sozialer Systeme: eine Einführung, 3. Auflage, München: Fink.

Koch, Stefan / Kaschube, Jürgen / Fisch, Rudolf 2003: Eigenverantwortung für Organisationen, Göttingen: Hogrefe.

Koch, Stefan /Kaschube, Jürgen 2005: Eine neuer Weg zur Beschreibung beruflicher Leistung: Eigenverantwortung, in: Gruppendynamik und Organisationsberatung Nr. 02/2005, Wiesbaden: Verlag für Sozialwissenschaften, S. 141-156.

König, Rene 1995: Materialien zur Kriminalsoziologie, Wiesbaden: Verlag für Sozialwissenschaften.

Lenk, Hans / Maring, Matthias: Verantwortung, in: Ritter, Joachim / Gründer, Karlfried / Gabriel, Gottfried 2001: Historisches Wörterbuch der Philosophie, Basel: Schwabe, S. 569-575.

Lenk, Hans 1998: Konkrete Humanität. Vorlesungen über Verantwortung und Menschlichkeit, 1. Frankfurt am Main: Suhrkamp.

Lindner, Angela 2000: ReformUniversitäten. Leistungsfähigkeit durch Eigenverantwortung, Essen: Stifterverband für die Deutsche Wissenschaft.

Lück, Helmut Eckhard 1977: Mitleid, Vertrauen, Verantwortung. Ergebnisse der Erforschung prosozialen Verhaltens, Stuttgart: Klett.

Luhmann, Niklas 1968: Vertrauen: ein Mechanismus der Reduktion sozialer Komplexität, Stuttgart: Enke.

Luhmann, Niklas 1975: Politische Planung: Aufsätze zur Soziologie von Politik und Verwaltung, 2. Auflage, Opladen: Westdeutscher Verlag.

Luhmann, Niklas 1990: Risiko und Gefahr. Aulavortrag an der Hochschule St. Gallen, St. Gallen: Universitätsverlag.

Luhmann, Niklas 1993: Soziologische Aufklärung. Bandd.5: Konstruktivistische Perspektiven, Opladen: Westdeutscher Verlag.

Luhmann, Niklas 1997: Die Gesellschaft der Gesellschaft. Band1, Frankfurt a. M.: Suhrkamp.

Luhmann, Niklas 2000: Organisation und Entscheidung, Opladen: Westdeutscher Verlag.

Luhmann, Niklas 2002: Einführung in die Systemtheorie, Heidelberg: Carl-Auer Verlag.

Luhmann, Niklas 2008: Soziale Systeme: Grundriß einer allgemeinen Theorie, Frankfurt a. M.: Suhrkamp.

Merkel, Angela 2008: Video-Podcast der Bundeskanzlerin 07/08, Online Publikation, http://www.bundeskanzlerin.de/Content/DE/Podcast/2008/2008-02-23-Video-Podcast-zu-Wirtschaft-und-Ethik/links/2008-02-23-text,property=publicationFile.pdf, Stand 24.08.2009.

Müller-Merbach, Heiner: Die morphologische Struktur von Verantwortung und Verantwortlichkeit: Eine Handreichung für die Praxis, in: Zwierlein, Eduard (Hg.) 1994: Verantwortung in der Risikogesellschaft. Ethische Herausforderung in einer veränderten Welt, Idstein: Schulz-Kirchner, S. 125-148.

Münstermann, Matthias 2007: Corporate Social Responsibility. Ausgestaltung und Steuerung von CSR-Aktivitäten,Wiesbaden: Gabler.

Nießen, Tobias B. 2005: "Eltern haften für ihre Kinder": ein Reformvorschlag für die Haftung Minderjähriger und ihrer Eltern unter Berücksichtigung der europäischen Rechtsentwicklung, Bonn: Universitätsverlag.

Oelmüller, Willi: Schwierigkeiten mit dem Schuldbegriff in: Baumgartner, Michael / Eser, Albin. (Hg.) 1983, Schuld und Verantwortung, Tübingen: Mohr, S. 9-30.

Preisendörfer, Peter 1985: Verantwortung im Betrieb. Eine theoretische und empirische Analyse der Verantwortungskonzepte sowie von Problemen der Verantwortung in betrieblichen Kontexten, Opladen: Leske + Budrich.

Ragg, Martin 2009: Hochschulnetzwerk: Bildung durch Verantwortung, Online-Publikation

Reck, Siegfried 1981: Identität, Rationalität und Verantwortung. Grundbegriffe und Grundzüge einer soziologischen Identitätstheorie, Frankfurt am Main: Suhrkamp.

Richter, Matthias: Tabakkonsum im Jugendalter zwischen sozialer Herkunft, Gleichaltrigengruppe und Schule, in: Groenemeyer, Axel / Wieseler, Silvia 2008: Soziologie sozialer Probleme und sozialer Kontrolle: Realitäten, Repräsentationen, Politik, Wiesbaden: Verlag für Sozialwissenschaften, S. 375-396.

Rippe, Klaus P.: Haben Unternehmen eine Verantwortung für den Umweltschutz?, in: Arz des Falco, Andrea / Rippe, Klaus P. / Willemsen, Ariane (Hg.) 2004: Natur. Ethik. Fortschritt., Zürich: Vdf Hochschulverlag, S. 87-117.

Sader, Manfred 2008: Psychologie der Gruppe, 9.Auflage, Weinheim: Juventa-Verlag.

Schimank, Uwe 2002: Handeln und Strukturen. Einführung in die akteurtheoretische Soziologie, 2. Auflage, Weinheim und München: Juventa.

Schmidt-Recla, Adrian 2004: Theorien zur Schuldfähigkeit: psychowissenschaftliche Konzepte zur Beurteilung strafrechtlicher Schuldfähigkeit im 19. und 20. Jahrhundert; eine Anleitung zur juristischen Verwertbarkeit, Leipzig: Universitätsverlag.

Schneider, Wolfgang L. 2008: Grundlagen der soziologischen Theorie. Band1: Weber – Parsons – Mead – Schütz, Wiesbaden: Verlag für Sozialwissenschaften.

Schnell, Rainer / Hill, Paul B. / Esser, Elke 2001: Methoden der empirischen Sozialforschung, 6. Auflage, München: Oldenbourg.

Schülein, Johann A.: Soziale Realität und das Schicksal soziologischer Theorie, in: Balog, Andreas / Schülein, Johann A. (Hg.) 2008: Soziologie, eine multiparadigmatische Wissenschaft. Erkenntnisnotwendigkeit oder Übergangsstadium?, Wiesbaden: Verlag für Sozialwissenschaften, S.15-47.

Stern, Daniel 2007: Klimawandel: Verantwortung übernehmen, in: Die Wochenzeitung, Nr. 15 vom 12.04.07, S. 27.

Teubner, Gunther: Ökonomie der Gabe – Positivität der Gerechtigkeit. Gegenseitige Heimsuchung von System und differance, in: Koschorke, Albrecht / Vismann, Cornelia (Hg.) 1999: Widerstände der Systemtheorie: kulturtheoretische Analysen zum Werk von Niklas Luhmann, Berlin: Akademischer Verlag.

Treibel, Anette 2006: Einführung in soziologische Theorien der Gegenwart, Wiesbaden: Verlag für Sozialwissenschaften.

Vossenkuhl, Wilhelm: Moralische und nicht-moralische Bedingungen verantwortlichen Handelns, in: Baumgartner, Michael / Eser, Albin. (Hg.) 1983, Schuld und Verantwortung, Tübingen: Mohr, S. 109-140.

Weber, Max 1980 [1922]: Wirtschaft und Gesellschaft: Grundriss der verstehenden Soziologie, 5. Auflage, Tübingen: Mohr.

Weber, Max 1993 [1919]: Politik als Beruf, Ditzingen: Reclam.

Weischedel, Wilhelm 1972 [1933]: Das Wesen der Verantwortung. Frankfurt am Main: Vittorio Klosterman.

Weyers, Stefan: Verantwortung/Eigenverantwortung, in: Dollinger, Bernd / Raithel, Jürgen (Hg.) 2006: Aktivierende Sozialpädagogik. Ein kritisches Glossar, Wiesbaden: Verlag für Sozialwissenschaften S. 217-229.

Wicher, Hans 1993: Kongruenzprinzip der Organisation, in: Das Wirtschaftsstudium Vol. 22, Düsseldorf: Lange, S. 579 - 580.

Zwierlein, Eduard: Verantwortung in der Risikogesellschaft, in: Zwierlein, Eduard (Hg.) 1994: Verantwortung in der Risikogesellschaft. Ethische Herausforderung in einer veränderten Welt, Idstein: Schulz-Kirchner, S. 19-44.

Zeitfracht Medien GmbH
Ferdinand-Jühlke-Straße 7
99095 Erfurt, Deutschland
produktsicherheit@kolibri360.de